グローバリゼーションを生きる

国際政治経済学と想像力

小野塚佳光 著

萌書房

はじめに

　グローバリゼーションのように大きな社会変動の中にあるせいで，私たちは鳥インフルエンザ・ウィルスだけでなく，グローバリズムの餌食となります。何かを非難したり，誰かに救済を求めたり，自分が強いられた境遇に対して納得できる説明を示してほしい，と望むからです。それが正しい説明かどうか，残念ながら分かりません。それでも，自分の努力が無駄でないことを信じるために，私たちはグローバリズムを信奉します。

　私たちは，これがグローバリゼーションであり，ここから逃れる道はない，というイデオロギーに支配されています。現実の選択肢や，現実に関する議論，そのイメージや認識そのものが非常に限られており，閉塞していると思います。日本の指導的な立場にある人々が社会を革新するアイデアを示せないのも，もっと多くの選択肢があるはずなのに，多くの人々が固定したイデオロギーを符牒のように交わし合うのも，人々の自由な発想が死滅したからではないでしょうか？

　私は，権力や帝国化を支持しませんが，国際秩序が国家によって組織されている現実を改善する工夫を歓迎します。私は，市場や価格が間違っているとしても，その廃止を求めるわけではありません。社会的分業や自由貿易は，市場がもたらす社会関係を正しく理解する重要なアイデアです。それらを利用しなければなりません。自由貿易論やWTOを受け入れるだけでなく，もっと多様な思想を持つなら，異なる国際システムを実現する道が見つかるでしょう。

　本書の議論は，グローバリゼーションとグローバリズムを区別し，対比し，解釈し直すことで進みます。私たちは現実との出会いを重ね，さまざまなイメージや言葉を使って世界を理解し，そこに自分の理想や恐怖を付加します。混乱を収拾できない，不安をもたらす想像力に耐えられないかもしれません。

　しかし，「想像力」がなければ，私たちは現実とイデオロギーの奴隷です。

　こんな本があってもよい，と思いました。どうぞ，小さいけれど，私が集め

た「想像力のソース・ブック」を楽しんでください。

- 2000年5月5日，インターネット上に私のホームページ「IPEの果樹園」を設けました。国際政治経済学（IPE）のHPというタイトルを掲げましたが，実際は，2週間から3週間ほど前の英文コラムを集めて紹介する資料集です。最初は *The Economist* の記事をいくつか紹介し，その後，集める対象を増やしています。現在は，*Financial Times* と *The New York Times*，その他の新聞，雑誌から毎週紹介しています。

- その後，冒頭に小文を書くようになりました。記事・コラムの紹介部分が長いため，「今週のReview」として，小文と切り離しました（私の小文を，以前は「IPEのタネ（種）」，今は「IPEの風」と称しております）。

- 本書はその「IPEの果樹園」を再編し，書き改めて，できたものです。出典に「IPEの種」などとあるのは「IPEの果樹園」に表示された最初の小文を示しています。いずれの小文も，その前後の週に紹介した論説や記事から影響されています。読者の皆さんが，なぜこんなとんでもないことを考えるのか？　と疑問に思われた時，出典を参考にしてください[*]。

- これはグローバリゼーションをめぐる論争のソース・ブック，さまざまな事例とイデオロギーのソース・ブックです。現実のグローバリゼーションは可能な世界の一つでしかありません[1)]。グローバリゼーションを，その可能性も含めて，全体として理解したいと私は思いました。

- 「帝国」や「帝国主義」の議論が国際政治経済学（IPE）の一つの起源です。領土的な支配秩序を市場取引の拡大やグローバリゼーションの影響と対比し，ある政治的意図を実現したものとして展望します。「合理的帝国主義」，「国家の覚醒」，「地域共同体」，……を議論します。

- グローバリゼーションを生きるために，過去ではなく，未来についても考えます。趨勢ではなく変化について考えます。新しい関係，新しい意味を発見したいと私は思います。個人ではなく社会と制度について，事実では

---

[*]　過去のすべての記録を「これまでのReview」からご覧いただけます。また，サイト内検索もできます。ただしホームページには，残念ながら，誤解や誤読，誤字，変換ミスが散見されます。週末に独りで作成したあと，校正や細かいチェックをする時間はありませんでした。あくまで参考としてご利用ください。

なくシナリオについて．現実の壁を打ち破る，閉ざされた理念に勝るブレイク・スルーを見つけたい，と思います．
- この本は，あなたの想像力を刺激するための仕掛けです．天皇制，核武装，国民皆兵，性解放，日本分割，……そうしたこともあえて書きます．異なる時空から飛来する事例やアイデアをぶつけて，想像力の火花が散ることを期待しています．
- もし本文を読んで，ばかばかしい，非現実的だ，と不満を持たれた場合，本書の末尾にある付録を先に読んでください．それらは「今週のReview」から集めて編集したものです．確かに，本書の叙述は私の〈妄想〉かもしれません．しかし世界にはそれを促すほどの激変が日常的に起きています．世界の論説は，私たちが現実として疑わないものを打ち砕くでしょう．

2007年6月10日

小野塚　佳光

目　　次

はじめに

序論　君はグローバリズムを見たか？ ……………………………………… 3

第Ⅰ部　国際政治経済学の冒険——世界を想像する

序 ………………………………………………………………………………… 13
　　国際政治学の誕生　13

第1章　グローバリゼーションの経済条件——最初の死と，中国の参加 … 17
　　グローバリゼーションの死　17／アルゼンチンのクリスマス　19／ブッシュの世界構想　20／グローバリゼーションの条件　22／帝国と国際通貨制度　23／2004年の世界経済と中国　26／分配問題と権力者　29／匠・生産者のための社会　30／グローバリゼーションに生きる　32

第2章　グローバリゼーションの政治条件——民主主義と都市 …………… 34
　　境界を越える支配と秩序　34／われわれの時代，政治の条件　35／民主主義の不安と可能性　38／ドラキュラ効果　39／政治的視野を拡大する　41／帰属意識と社会参加　42／グローバルな政治の未来　44／ナショナルな政治システム　46／自由の女神　48／グローバル・ガバナンス　49

第3章　社会的革新——グローバリゼーションに対する受容力 ……………… 52
　　共感，もしくは，社会的紐帯　52／ダンスと詩　53／開かれた社会　54／政治的に分割された世界　56／なぜ学ぶのか？　58／グローバル社会の日本モデル　58／地震の国に生きる　59／ロボットと下町で暮らす　61／リベラルな批判派・その1　62／リベラ

ルな批判派・その2　64／土地の思想，権力の意匠　65／運動会を輸出する　67

第4章　グローバリゼーションと国際秩序——戦争と平和 …………… 69

戦争記念博物館　69／死者を記憶する　70／戦争と説得　71／9.11テロと「ブッシュの戦争」・再論　72／戦争ではない選択肢　74／ブレアの開戦演説　76／エネルギー帝国主義　78／アジアの安全保障　80／日本による国際秩序の再編　81／一発の銃声もなく　83

第Ⅱ部　国際政治経済学の探求——調査旅行

第1章　中央アジアの移行経済——自由化と援助政策 ………………… 87

はじめに ………………………………………………………………………… 87

1　中央アジア諸国への経済援助 ……………………………………………… 88

日本の援助　89／アメリカ・西欧と国際機関　91／周辺諸国の地政学　93

2　世界市場への統合 …………………………………………………………… 94

ルーブル圏・共同市場の維持　94／地域貿易協力と世界市場統合　96／直接投資による市場統合　98

3　直接投資の政治学 ………………………………………………………… 100

国際政治の発火点——カスピ海の資源開発　101／直接投資と国内政治　103

結び——中央アジアの苦悩 ………………………………………………… 105

第2章　中国経済の考察——上海・蘇州・無錫・北京 ………………… 107

はじめに ……………………………………………………………………… 107

1　上海——消費ブームと投資ブーム ……………………………………… 108

欲求の解放　108／消費・投資・輸出の好循環と生産性上昇　110／労働者の移動と保障　111／魯迅公園と記念館・故居　113

2　蘇州——ブームの波及 …………………………………………………… 114

鉄道の旅と「黒い人々」　114／世界遺産国際会議と輪タク　116

3　無錫——開発区と地方政府 ……………………………………………… 117

開発区による直接投資の誘致　117／過剰投資とインフレ・デフレ
　　　問題　118
　　4　北京——天安門と人民大会堂 …………………………………………… 120
　　　北京の市民生活　120／王府井大街と全人代　120／孔廟と万里の
　　　長城　122
　　5　中国政治経済モデルの考察 ……………………………………………… 123
　　　社会革命の受容　123／住宅とセックス　125／都市の乞食と農村
　　　からの出稼ぎ　126／凧をあげる少年　127
　　結　び …………………………………………………………………………… 128

第3章　イギリス「人種暴動」——イングランド北部工業都市 …………… 130
　　はじめに ………………………………………………………………………… 130
　　1　事件の発端と経過 ……………………………………………………… 131
　　2　現地訪問の見聞と印象 ………………………………………………… 133
　　3　「人種暴動」に関する言説 …………………………………………… 138
　　　政府による調査報告　139／労働党政府・内務大臣の見解　141／
　　　地方政府の見解　142／CRE委員長の見解　143／IRRからの批
　　　判　144／イギリス国民党（BNP）　145
　　結　び …………………………………………………………………………… 147

結び——私たちに何ができるのか？ ………………………………………………… 149

　出典一覧　155
　グローバリゼーションについての読書案内　163
　【付録】　IPEの果樹園——変貌する世界　169
　おわりに　189

グローバリゼーションを生きる
――国際政治経済学と想像力――

序論——君はグローバリズムを見たか？[1]

I

　人は〈個人〉ではなく〈社会〉として，非常に大きな力を発揮し，富を生産できます。それを理解することが，経済学の基本テーマの一つです。
　皆さんはグローバリゼーションやグローバリズムを見たことがありますか？

　グローバリゼーションとは，事実として起きていること，社会の変化過程そのものです。たとえば，あなたの友人が外国の企業に雇用されたり，あなたの加入している保険会社がアメリカの企業の株を買ったり，あなたの会社が中国に生産基地を設けたりすることが，グローバリゼーションなのです。
　では，グローバリズムとは何でしょうか？　社会科学の概念で言えば，グローバリズムとはグローバリゼーションのイデオロギーです[2]。イデオロギーとは，現実に対する意見であり，価値や評価を含む一定の理解の仕方です。この場合，それはグローバリゼーションを肯定し，それが科学技術の進歩や歴史の宿命として避けられないものである，と主張する立場です。多くの場合，イデオロギーはその時代の支配的な思想です。それは，事実を一定の仕方で支持したり，反対したりする立場を含んでおり，政治的な「虚偽意識」とも言われます。

II

　代表的なグローバリスト（グローバリズムの信奉者）の考え方を示すものとして，トーマス・フリードマン『レクサスとオリーブの木』（草思社，2000年）があります。フリードマンは *The New York Times* のコラムニストとして世界中を旅し，グローバリゼーションに関わるさまざまな事件を理解するために，鮮烈なイメージと言葉を積み重ねています。

彼がグローバリズムというイデオロギーを信奉しているのは、次の言葉によく示されています（太字強調は小野塚による）。

> この世界では、少しでもスピードの遅い会社、コストのかかりすぎる会社は、**自分が何に轢かれたのかもわからないまま、路上に屍をさらすことになる**……。[3]

ここは高速道路だ、と彼は宣言するのです。だから、遅い車や故障した車は、あとから来る高速車に踏み潰されて当然である、と。

フリードマンに言わせれば、グローバリゼーション時代に社会を冒す重大な病気に、「マイクロチップ免疫不全症候群」があります。それは

> 冷戦後の時代に、むくみ、肥満、硬化を引き起こしたシステムは、すべて、冒される危険性がある疾患。あらゆる面で効率性を追求する、より高速で、よりオープンで、より複雑な市場を創りあげたマイクロチップと、技術、金融、情報の民主化がもたらした変化に対して、予防接種を怠った国や企業がかかる。[4]

ケインズ主義的な介入政策*が効果を失う一方で、政府は、インターネットを使う主婦や学生からなる「電脳投資家集団」に気に入られるために、世界中でよく似た政策を取り始めました。すなわち「黄金の拘束服」がグローバルなファッションになった、と彼は言います。政府部門を縮小し、インフレ抑制や均衡財政を掲げ、関税はできるだけ撤廃すること、外国からの投資を歓迎し、規制緩和と民営化を進め、さらに金融市場の自由化も早く行うこと、汚職・腐敗を追放し、競争を促進して、国民に金融の選択肢を増やすことが優先される、と。

もう一つ、彼が唱えるグローバリズムに本質的な特徴とは、「歴史はアメリ

---

* インフレや失業を緩和するため、政府支出や金利を変化させて需要の水準を動かす政策。

カを選んだ」という感覚です。たとえば，彼の「世界の五つのガソリンスタンド理論」では，日本，アメリカ，ヨーロッパが次のように描かれています。[5]

日本：5ドル／ガロン

「制服と白い手袋。終身雇用の4人の男性がガソリンを入れ，オイルを交換し，窓を拭いてくれる。スタンドを去るあなたに，親しい笑顔で，手を振ってくれる」。

アメリカ：1ドル／ガロン

「自分でガソリンを入れ，自分で窓を拭き，タイヤに空気を入れる。4人のホームレスが，あなたの車のホイールキャップを盗もうと狙っている」。

西ヨーロッパ：5ドル／ガロン

「たった一人の男性が当番で居る。彼はしぶしぶガソリンを入れ，ニコリともせずにオイル交換する。それが組合協約で決められた彼の仕事だから。窓は拭かない。店員は一週間に32時間しか働かず，一日当り90分の昼食休憩をとり，その間はスタンドを閉めてしまう。彼は毎年夏に6週間の休暇をもらって南フランスで過ごす。通りの向こうでは彼の弟二人と叔父が，玉当てのゲームに興じている。三人とも，この10年間，働いたことがない。それは失業保険の額の方が，前の仕事の給料よりも高いからだ」。[6]

グローバリゼーションとは，誰も彼もがアメリカのガソリンスタンドに向かわざるをえない，という現象です。それが優れているからとか，それが好まれているからではなく，それが市場に選別された結果であるから，と彼は主張します。

Ⅲ

輸送費用や通信費用の劇的な削減やインターネット，情報の民主化，冷戦終結など，条件が変化したことを指摘する以外に，「グローバリゼーションの理論」というものはありません。

経済学の考え方には特徴があると思います。経済学はアダム・スミスの『国富論』（1776年）によって誕生したと言われますが，その最も基本的な概念は「（社会的）分業」でした。彼は，この考え方を示すことで，個々の市場参加者

が社会的な変化による富を享受できる仕組みを，明らかにしたのです。そして経済学は，200年以上も前から，グローバリゼーションを問題にしていたことが分かります。

> たとえば，日雇い労働者が着ている毛織物の上着は，その外観がどれほどごつごつでざらざらしたものであろうとも，大変な数にのぼる職人の協働の生産物なのである。……そればかりでなく，これらの職人のある者から，その国の非常な遠隔地方に住むことの多い他の職人たちへ原料を輸送するのに，どれほど多くの商人や仲立ち人が従事しなければならなかったことか！……しばしば世界の果ての果てからもちきたされる薬剤を集積するために。[7]

経済学では，私たちが直面するコストや市場競争，均衡化を議論することと，社会の構造や調整メカニズム，全体の変化について（すなわちグローバリゼーションについて），その是非を論じることとが，有機的に結びついています。たとえばデビッド・リカードの比較生産費による自由貿易論がその典型です。

リカードは，どれほど貧しく，生産性の低い国でも，また，どれほど豊かで，生産性の高い国でも，世界市場に参加して自由貿易を行えば利益を得ることができる，と主張しました。簡単な数値例を考えましょう。日本と中国が，衣服と自動車を生産しており，その生産条件を，同じ労働投入（たとえば労働者10人が1カ月働く）によって生産できる商品の量で示します。

日本では，1000着の衣服，もしくは，5台の自動車を生産できます。他方，中国では，500着の衣服，もしくは，1台の自動車を生産できます。どちらも日本の方がより多く生産できる（生産性が高い）ので，輸入する必要はないように見えます（中国は何も輸出できない！）。

しかし，「比較優位*」に従って，日本が自動車を5台輸出した場合，それを中国で2500着の衣服と交換できます。なぜなら，中国では1台の自動車と500着の衣服とが，同じコスト（労働投入）で生産できるからです（労働だけをコ

---

* 絶対的な生産コストではなく，相対的な生産コストの関係を見て，どちらがより大きく優れているか（あるいは，より小さく劣っているか）を示す。

ストと仮定しています)。この2500着の衣服を日本に持ち帰れば，1000着で自動車5台を手に入れることができます（輸送費や関税は無視しています）。その結果，衣服1500着が余分に手に入るわけです。中国は，衣服を輸出することで，余分の自動車を手に入れます。

なぜ，こうしたことが可能なのか？　と思うでしょう。この利益はどこから来たのか？　誰かから奪ったのか？　その答えは，世界的な規模で「社会的分業」を再編成し，各国がより効率的な生産を行うことで世界の富が増えた，ということです。「比較優位」は，日本の場合，どちらも生産性の優れている二財で，より大きく優れている自動車にあります。他方，中国では，生産性の劣る程度が少ない衣服にあるのです。日本は衣服を輸入し，それによって労働者を自動車の増産に再配置します。他方，中国は衣服を増産します。

もしこれらを正しく理解できれば，皆さんは世界をまったく違った形で理解できるでしょう。

　完全な自由貿易のもとでは，各国は自然にその資本と労働を自国にとって最も有利であるような用途に向ける。個別的利益のこの追求は，全体の普遍的利益と見事に結合される。……そして利益と交通という一本の共通の絆によって，文明世界の全体にわたる諸国民の普遍的社会を結び合わせる。[8]

では，なぜ今も完全な自由貿易が実現しておらず，世界は一つの共和国にならないのでしょうか？　なぜ「オリーブの木」[*]は切り倒されずに残っているのでしょうか？

IV

現実のグローバリゼーションは，経済学が示すほど，合理的でも調和的でもありません。グローバリゼーションはいくつかの特徴で語られます。たとえば，①アメリカ化，②情報と輸送の革命，③金融ビジネスの拡大，④冷戦終結，⑤

---

[*] トーマス・フリードマンは，地域に根ざした生活や文化を「オリーブの木」と呼んで，グローバリゼーションの優秀さを代表する「レクサス」と対比する。

中国の世界市場参入，⑥富と権力の集中，⑦環境破壊，⑧経済・通貨危機と民主主義の欠如，などです。

　グローバリゼーションは，公平でも中立でもなく，それぞれの社会で分配や権力の問題を避けて通れません。たとえ効率性や富を目指した変化であっても，失業や移住を強いられる個々の参加者にとって，必ずしも容易に受け入れられるものではないのです。一方では，何十億円，何百億円もの所得を得る企業経営者やスター選手がおり，他方では，公園のホームレスや通貨危機に苦しむ国が増えています。

　かつて地域共同体をまとめる中心的存在だった野球場は，もはや，異なる社会的地位の人々をひとつにするような共通の公共空間ではなくなった。[9]

　グローバリゼーションの下で通貨危機に陥った国にIMFとアメリカ財務省が求める政策の基準を「ワシントン・コンセンサス」*と呼ぶことがあります。ジョセフ・E. スティグリッツ『世界を不幸にしたグローバリズムの正体』（徳間書店，2002年）は，グローバリゼーションの扱い方について，支配的な思想，すなわち「ワシントン・コンセンサス」が示すグローバリズムは正しくない，と批判しました。それは，世界の貧困を減らすことにも，社会的安定を維持することにも失敗したからです。

　外国からの投資も，貿易の自由化も，そして，特に金融の自由化をスティグリッツは無条件に支持しません。なぜなら，そのスピードや順序は，各社会にとって望ましいものでなければならないからです。自由貿易を否定するわけではなく，それが意味する雇用の調整に時間とコストがかかることを考慮すれば，貿易の利益は限られていると考えます。

　またロナルド・ドーア『日本型資本主義と市場主義の衝突』（東洋経済新報社，2001年）は，グローバリズムに対抗する価値観を明示的に表現した興味深い試

＊　一般に，自由化（貿易・金融・為替レート・直接投資）と民営化，などを意味する。ただし，この言葉を最初に提唱したジョン・ウィリアムソンの解説「ワシントン・コンセンサスを超えて」を参照。拙編訳『国際通貨制度の選択――東アジア通貨圏の可能性――』岩波書店，2006年，所収。

みです。それを彼は「日本型資本主義」，あるいは「福祉資本主義」，と呼びます。

ドーアは，ある種の価値観に基づいて「変化の過程とその原因」を分析した，と言います。「この価値観とは，『良い社会』とは何か，を判断する前提条件から帰結したもの」であり，「マーケティゼーション（市場化）とフィナンシャリゼーション（金融化）は憂うべき現象である」というものです。[10]

彼ら（改革派，もしくはグローバリスト）が求めているのは貧富の差を拡大すること，無慈悲な競争を強いること，社会の連帯意識を支えている協調のパターンを破壊することである。その先に約束されるのは，生活の質の劣化である。[11]

経済学の本当のテーマは，「良い社会」の実現です。グローバリゼーションによって実現される社会が，単に世界市場の勝者であるからという理由で，これをすべて正当化できると私は考えません。現実の正しい理解と，社会的に望ましい基準を示すことが大切であり，それゆえ，経済学は激しい論争を導くのです。

第Ⅰ部　国際政治経済学の冒険——世界を想像する

期末テストで，私は学生たちに問いました。[1]

「グローバル化が進む社会では，それによって利益を受ける者と損害を受ける者が現れます。
　今，豊かな諸国の政治家が関心を持ち，安全保障や国内の分配問題で対立を生じつつある辺境のある国で生まれた王子が，このグローバル化の時代に生き延びる方法，そして平和と繁栄を維持する方法を求めています。
　あなたが彼の政治顧問になるとすれば，どのような点に注意して内外に正しい方針を示し，国民を説得するべきだ，と進言しますか？　辺境の小国にグローバル化がもたらす良い面も悪い面も考慮して，王子に示す具体的な提案を述べなさい」。

ある日の新聞に〈辺境〉のイメージを見つけました。

　幅125ｍ，奥行き215ｍ，高さ50ｍの洞窟の村は，トウモロコシを植え，鶏を飼い，ほとんど自給自足です。一人あたりの年収は150元あまり（約2000円）。その奥にある中洞小学校は，子供たちから授業料を取らず，校長先生だけが県から給料をもらいます。他の3人の先生はアメリカの篤志家から寄付を受け，また一人は無給で小学校を維持しています。21歳の英語の先生は片道3時間をかけて徒歩で通い，自分も学資を借りて卒業しましたが，それを返すために，半年間，小学校を休んで出稼ぎに行きました。

序

国際政治経済学の誕生[1]

　世界が急激に変化しつつある，と意識するのは，いつの時代にもあったことでしょう。産業革命であれ，帝国主義であれ，グローバリゼーションであれ，そうした変化を理解するための言葉や概念であったと思います。今，もしあなたが「急激な変化」を感じているなら，現実を理解する自分の言葉やアイデアを鍛えなければなりません。さもないと，頭もシッポもない，ぶよぶよの怪物，と誰かが呼んだ現実世界に呑み込まれてしまいます。[2]

　IPEは，定義されない，明確な体系もない，比較的新しい学問領域です。しかしIPEの優れた研究やテキストに共通する，二つの視点に注目したいです。

　一つは，「1960年代後半」。もう一つは，「国家と市場」。

　なぜ1960年代後半か？　それは第二次世界大戦後に形成された国際秩序が動揺し始めた時期だからです。1960年代後半から1970年代にかけて，従来の研究と異なる，IPEの先駆的な発想が誕生しました。貿易，国際通貨，安全保障，地域統合，その他の問題が，この頃にさまざまな意味で転機を迎えています。

　なぜでしょうか？　IPEの起源とも言える「覇権安定論」[*]によれば，それは戦後アメリカの覇権が動揺し始めたからです。あるいは「相互依存論・政策協調論」によれば，だからこそ国際的な合意の形成と制度の構築により，新しい国際秩序に向けて平和的な調整・転換を促すことが重要になったのです。

　IPEにおいて，私たちは問題をさまざまな主体や分析レベルに分け，具体的

---

[*] ロバート・ギルピンなどが提唱した。経済や軍事などにおいて圧倒的に優越した一国（覇権国）があると国際秩序は安定し，平和や自由貿易，国際投資などが促進され，それに参加する多くの国が繁栄する，という主張。

な状況を示して，さまざまな事例を比較，考察します。私たちはいろいろな視点から現実を解釈し，より深く理解したい，と願います。その際，互いに理想や目的，望ましいと思う社会のイメージが異なるのは当然です。しかし，それでも私たちは議論し，互いに理解を深めることができるでしょう。たとえ合意できなくても，相手が（そして自分も）何を目指しているのか，どのような根拠や実現メカニズムを考えているのか，理解できるはずです。そうすれば当面の合意や協調行動によって事態の改善を目指し，現実が変化する中で，さらに議論を続けることができるのです。

　現実を変えるのは，法的・物理的な強制力だけでなく，情報を組み立てる「アイデア・発想」であり，「認識・思想」です。古い建物を新しい条件や目的に応じて建て直す時には，建設機械や屈強な労働者たちだけでなく，その設計図が必要となります。ブッシュ[*]大統領もイラクを攻める際に，軍隊だけでなくネオコン[**]の思想を必要としました。私たちは，共通の目的についての思想と，建物を維持する力学への正しい理解を必要としています。

　国際秩序や社会制度を建設する場合，IPE はその力学を「国家と市場」によって示します。国家は，意図的な強制介入を行う主体として，最もよく組織されたものであり，法律化の権限や強制力を持っています。他方，市場は，商品や貨幣という形で組織された，個々人の所有と取引関係の集まりとして，市場のルールと圧力を示します。市場は，ときには国家を超えるほど強い圧力を生じます。利益を求める人々の要求を永久に抑圧することはできないし，市場のルールが破綻した場合の社会的コストは甚大であり，ときには，それが既存の秩序や権力を破壊します。

　もちろん，たとえ主要諸国が合意した国際秩序や，市場による世界的な規模の分業がなくても，私たちは生きていけます。ただし，その生活はもっと牧歌的で，平穏な，孤立して，貧しいものになるでしょう。

---

[*]　特に断らない限り，ブッシュ（大統領）とは，第43代アメリカ大統領ジョージ・W. ブッシュ（すなわち，第41代ジョージ・W. H. ブッシュ元大統領の息子）を意味する。
[**]　Neoconservative. ブッシュ政権で外交方針を決めるようになった保守強硬派の思想。チェイニー副大統領，ラムズフェルド，ウォルフォウィッツ，パールなど。

現実には，人類が歴史的に達成した集合的な生産力＝破壊力が，さまざまな政治経済システムを経て，日々，変化をもたらしています。私たちは，たとえ世界の覇者や大富豪，天才的な物理学者でなくても，この力を制御し，自分にとって好ましい生活を実現する過程に参加できるはずです。そのための制度や社会的なメカニズムとして，何が適当か？　そんなふうに，IPE は問います。

　あたかも製品の破壊実験を試みる実験室のように，地球上に展開する多様な社会システムは常に破綻の危機に瀕し，危機からの脱出と再生を試みています。市場統合だ，民主主義だ，と，最適な社会システムを勝手に定義するより，この破壊実験から学ぶべきではないでしょうか？　そうすれば，激しい火花や硝煙の向こう，騒乱の最中で展開されるアイデアの爆発から，次の時代が見えるかもしれません。

　世界が急激に変化していることを意識した時から，多分，もう立ち止まることはできないのです。

第1章　グローバリゼーションの経済条件
　　　——最初の死と，中国の参加

グローバリゼーションの死[1]

　国際システムの著しい欠陥は，資本市場がもたらす利益と不安定性，リスクの増大，一気に発現する危機と調整コストについて，合意された補償・分担メカニズムがないことです。

　赤字国と黒字国，輸出国と輸入国，債権者と債務者，国際投資家と政府・市民，主要通貨のピラミッド，弱小通貨の危機回避，これらが示す対立は，刻々と変化する貨幣的な均衡の回復過程である，と言うだけで済ますことのできないものです。インフレ率や資産価格の変化が，人々の雇用や居住，政府の能力や不況の激しさを支配しています。

　管理する者のいないグローバリゼーションを生き延びるために，各国は「構造改革」を唱えます。日本もヨーロッパも，その改革は果てしなく続きます。ニュージーランドやオランダが手本とされたり，チリや韓国が賞賛されたりします。しかし，ブラジルもロシアも改革が成功したと祝杯をあげるには程遠く，東南アジアの回復もこの先に何が起こるか分かりません。そして何より，中国とアフリカの改革がグローバリゼーションの生死を分けるでしょう。

　かつてビーンストック（Michael Beenstock）は，低開発地域の工業化が急激に加速した世界経済の《移行期》には，工業製品の価格が下落した，と書きました。[2] 一定の「脱工業化」を進めて新しい成長モデルを見つけた国では，資本集約度の低下により労働者への分配率が改善する一方で，部門間の資源移転が遅れる国ほど停滞に苦しむ。同時に，工業力の移転を実現する国際的な融資

や投資が増え，それが行き過ぎると，ブームのあとに累積債務問題や銀行危機が起きた，と。

実際，イギリスもアメリカも，製造業を世界に移転し続け，自国と外国の構造転換に融資し（移民を受け入れ），自国の繁栄を維持しました。日本も，同様に，朝鮮半島の統一や中国の改革に融資し，アジア経済の統合と安全保障に積極的な役割を果たせるでしょうか？

J. M. ロバーツの〈図説・世界の歴史〉第8巻『帝国の時代』（創元社）を興味深く読みました。巻末の年表で見れば，1807年イギリスで奴隷貿易廃止から，1922年イタリアでファシズム政権成立まで。それは，第一期グローバリゼーション，すなわち，ヨーロッパの近代化モデルが世界中に広められた時代でした。

アジアとアフリカも，この経済ネットワークに組みこまれ，その結果，人や物資の流れとともに，ヨーロッパの制度や技術が各地に伝えられていきました。株式会社，銀行，商品取引所，証券取引所などが，ヨーロッパから強制されたり，あるいは諸外国がみずから模倣して，世界中に設立されていったのです。そして世界貿易に必要な港湾や鉄道が建設され，工場で雇用が創出されるようになると，一部の地域で農民がプロレタリアート（賃金労働者階級）へと姿を変え始めます。[3]

ヨーロッパによって世界の統合と改造が加速したのは，科学的な知識を産業技術に応用し，それを工場生産や近代社会の編成にまで反映した権力・政治システムの性質によると思います。そして，このヨーロッパ・システムを制限し，転換したのは，アメリカ合衆国とソビエト連邦であった，というのも面白いです。

科学主義とヨーロッパの近代化モデルが広めた最悪の部分は，人種的優越という思想がもたらす集団的暴力でした。それは帝国主義や戦争の原動力になり

＊ 脱工業化とは経済活動に占める工業の割合が減少すること。資本集約度とは生産過程における資本と労働力の比重。資本集約度が低下する（労働集約度が上昇する）と，資本に対する需要は減り，労働力に対する需要は増える。それゆえ労働者の報酬は増える。

ました。イギリスのインド支配に関して描かれたように，新しい秩序の一部になっていた富の独占を維持するため，結局，ヨーロッパの帝国主義勢力はグローバリゼーションの最良の成果まで捨ててしまいました。インドにおいても，ヨーロッパにおいても，近代化のモデルは内部対立と戦争に向かい，灰燼と化します。

民族主義もファシズムも，共産主義体制も，危機を予告し，社会の混乱と対立を煽りました。しかし，本当に世界経済の崩壊を防ぎ，政治システムの革新を導くことは，残念ながら，できないことが分かりました。「ひとことでいえば，非常に多くの人びとが『戦争が起こったほうが利益になる』と考え始めていたのです」[4]。

アルゼンチンのクリスマス[5]

クリスマスのために用意した商品を奪われ，踏み砕かれたデコレーションの間に座り込む店主や，商品を盗らないように，と泣きながら街頭で懇願する男性の横で，多くの人々が品物を奪い合っていました。広場では騎馬警官たちが拳銃を高く掲げ，市民は鍋や釜を叩いて抗議の声を上げています。BBCが伝えるブエノス・アイレスの騒乱現場です。

すでに未来の医者が Mr. グローバリゼーションの死亡診断書に書く主要な死因は分かっています。貿易保護主義と国際金融危機です。他方，世界の新興地域で急速に増加する世界市民が掲げる主要な政治目標も分かっています。①極端な貧困の解消，②技術革新・知識の普及，そして，③その成果の公正な社会的分配，です。

「完璧な金融市場」という幻想や，「完全なドル化」という信仰が，アルゼンチンの経済を投資家の楽園から地獄に変えてしまいました。その背景には，世界の経済的統合化に関する楽観が，大きく悲観へ転換したことがあると思います。かつてアメリカの好景気，日本の停滞，ヨーロッパの通貨統合，IT産業

＊　アメリカ以外の国で，ドルが貨幣として使用される現象。民間でドル預金やドル建の契約が増えるだけでなく，政府が自国通貨を廃止し，ドルを通貨として正式に採用する場合もある。

への投資ブーム，中国の世界市場参入，ロシアの自由市場型統治，NAFTA（北米自由貿易協定）の成功，など，1990年代の微妙なバランスを構成した部分が，徐々に変化していたのです。

2001年のクリスマスを，アルゼンチン通貨危機や北朝鮮スパイ船との銃撃戦，アメリカン航空機での新しいテロ未遂事件，などで迎えた世界が，日本経済の改革をますます不信の眼で見るとしたら，日銀の量的緩和に続く円安促進政策は，むしろ破滅への道とならないでしょうか？　日本人も，ようやく，政府や銀行への依存にはリスクがあることを学び，預金や資産をますます分散して，長期の保険契約を解約し，円ではなくドルやユーロの外貨預金を保有し，信用の高い外債や投資信託に向かい始めるかもしれません。

この前の世紀転換期に死亡し，浜辺へ打ち上げられたMr.グローバリゼーションの死体を，スピルバーグの戦争映像（『プライヴェート・ライアン』）に見ました。ケチャップかハムの工場のように，飛び散り，山積みにされた兵士の肉が，映像の中で現在のMr.グローバリゼーションと重なります。第二次大戦が映像になるたびに，ドイツ人は自分たちの存在理由を説明しなければなりませんでした。そして日本人も，中国が国際社会に復帰し，朝鮮半島の分断が崩れる過程で，その説明責任の重さに気づくでしょう。

ブッシュの世界構想[6]

9.11の前に，ブッシュ政権の世界構想はその姿を現していました。大幅減税の看板を下ろさずに景気対策へと姿を変え，中東和平を突き放してイスラエルの軍事行動を容認し，中国との衝突事故[*]を契機にアジア戦略の意味を同盟諸国に問いかけ，テロ支援国家の北朝鮮とも韓国が交渉できる余地を残しました。EU諸国や日本から批判を受けても，地球温暖化に関する京都議定書を反故にし，他方でロシアや中国が強く反対するミサイル防衛構想を断固として推進する姿勢を示しました。ミサイル防衛構想とNAFTAの拡大こそ，ブッシュ政

---

*　2001年4月1日の海南島事件。米軍偵察機と中国戦闘機が東シナ海上空で衝突した。

権が描く世界秩序の核心です。

　反対派の人々からは今も「無能」呼ばわりされているこの人物が，実は，共和党の強硬派が示すさまざまなアイデアを，現実に機能する枠組みへ取り込む，非常に有能なプラグマティストではないか，という気がします。もしブッシュ氏が，新しい安全保障体制と新しい環境保護協定，そして新しい国際通貨秩序の強化策を実現可能な姿に導くなら，彼は共和党復活の指導者となり，アメリカの新しいグローバリズムを世界に提示するでしょう。

　それが成功すれば，未来の歴史家たちは，世界がアメリカにそれを許したのは当時を除いて他になかった，と書くでしょう。EUは新通貨導入と内部の政策や制度の政治的調整に忙殺され，日本はデフレによって窒息寸前であり，中国は改革のためにプライドを抑えて対話を受け入れ，ロシアの政治家はプライドに惑わされて国民の暮らしを顧みない。新興市場諸国は次の危機におびえて，アメリカのグローバリズムが何よりも新興諸国の利益になる，という約束を本気でブッシュ氏が守ってくれることを切望するのです。

　中央銀行のドル買いで安定した拡大を続ける「再建ドル本位制」[*]が，今後も，持続力を示しそうです。今も，アメリカが世界の成長のエンジンであり，金融ビジネスの中心であり，新しい技術や製品を生み出すベンチャー企業の聖地なのです。アメリカだけが，世界的な規模の制度を構築し，ルールを改変し，自由や民主主義という「理想」を掲げ，自国の安全保障を理由に世界の果てでも戦争を辞さない政府を持つ国です。

　アメリカ・モデルは，ニュー・エコノミー論[**]に示された競争促進と低インフレ，ハイテクによる生産性上昇でした。高速道路とインターネットが作り出す，ますます統合化される世界に対して，アメリカの理想は輸出されます。それに比べて鉄道を愛するヨーロッパは固定レート制を守り，日本人はそもそも移動

---

[*]　ドイツ銀行の3人のエコノミストが提唱した，アジア諸国の外貨準備累積に関する説明。アジア諸国は対ドル為替レートを安定させるために外国為替市場に介入を続け，ドル準備を累積している。輸出によって成長を実現しているから，それを支えるアジア諸国のドル買いとドル高はまだ続くと考える。Michael Dooley, David Folkerts-Landau, Peter Garber, "The Rivived Bretton Woods System: Alive and Well," Deutsche Bank, *Global Markets Research*, December 2004.

[**]　IT革命によりアメリカの生産性上昇が続き，特に在庫管理が改善されて景気循環もなくなる（つまり不況は来ない）という主張。

することを諦めたようです。

　グローバリゼーションの時代には，世界政府や世界中央銀行が，遠くの《理想》であるより，厳しい《現実》となりました。アメリカの軍隊が反テロの世界秩序を唱え，国連平和維持軍や国際刑事裁判所に関する論争が将来の軍事的・法的秩序を強めるでしょう。G7やNATOにロシアを加え，WTOに中国を加えて，世界秩序は名実ともに世界を覆いつつあります。そしてしだいに，ECBが準加盟国を拡大し，FRBもAPEC全体に拡大するかもしれません。[＊]

　世界的な規模の革新や貿易，金融取引にリンクすることで，既存の政治的エリートたちも，資産家階層（あるいは裕福な老人たち）も，新しい利益に寄生できることを理解したのです。自由貿易の拡大は，既得権との対立と政治的な反動に悩まされました。しかし，革新を促す金融ビジネスの導く世界的統合化は，逆に，政治勢力のグローバリゼーションも伴います。

　アメリカが不況になれば，日本やヨーロッパ，特に新興経済は自国通貨の増価^{＊＊}を抑え，外貨準備を増やします。それが「再建ドル本位制」を持続させる条件です。本当の意味での金融危機が，最後は，アメリカから世界へと波及するでしょう。その時，グローバリゼーションの弱者や敗者の声を反映する制度が，世界政治を回復させるカギを握るのです。

グローバリゼーションの条件[7]

　映画『マトリックス』のシリーズでは，世界がコンピュータに支配され，電力を断つために太陽を隠した人間は，逆にコンピュータの電源として栽培されながら，頭脳への電子信号でさまざまな仮想生活を送っています。

　現実の世界はどうでしょうか？

　コンピュータは支配や権力の手段となり，それとともに社会の集団化と同盟

＊　グローバリゼーションにより，アルファベットで省略される国際機関が増えた。G7（先進7カ国財務相・中央銀行総裁会議），NATO（北大西洋条約機構），WTO（世界貿易機関），ECB（ヨーロッパ中央銀行），FRB（連邦準備制度），APEC（アジア太平洋経済協力会議）。

＊＊　為替レートが，外国為替市場の需給により，外貨に対する自国通貨の価値を増す方向に変化すること。

化が変化します。分業や制度の改変が従来の社会を異なった境界で分割し，再統合を促します。

友人たちとのIPE研究会で，共通テーマは「ワシントン・コンセンサス」でした。それは，ベルリンの壁やソ連が崩壊し，天安門事件が起きた1989年に，ワシントンと世界の開発・成長モデルが一致し，アメリカ政府・ウォール街・IMF＝世銀による世界開発計画が各地で支持されたことを示します。従属論や保護主義が開発をめぐって正統派と和解し，その後の約10年を指導しました。

W. A. ルイスの論文紹介を聞きながら，ルイス・モデルを思い出しました。無制限労働供給があれば，投資は大きな利潤を再投資して急速に近代的部門（あるいは生産的労働）を拡大し，生産性を上昇させます。他方で，生産性上昇が輸出部門の拡大を支えるとしたら，その利益は輸出財価格の下落（もしくは交易条件の悪化）として，流出するでしょう。

今や自由貿易をゆがめるのは，一方で，金融市場によって決まる為替レートの不整合であり，通貨危機です。他方，主要国は自国の失業率や政治的な事情を為替レートの水準に反映させます。さらに，急速な技術革新や輸送コストの要らないコンピュータ・ソフト，ますます増大する国際資本移動と国際移民が，比較生産費説の前提を侵食します。

ある領土内で正統性を持つ政治的単位が，優先的に経済と社会の調整を組織する方が，世界単一市場より望ましいのはなぜか？ 市場の調整過程を正しく理解し，それを政治的に受け入れ可能な形に転換することが，民主的な政府の使命だからです。しかし，その使命にふさわしい政府はいくつあるか？

帝国と国際通貨制度

2004年のIPE研究会は上諏訪で合宿しました。少人数ですが，自由に議論できました。環境と国際規制，IMFの政治学，国際政策協調，国際通貨制度，

---

* 伝統的な農村部門に蓄積された豊富な労働力を，農村での生活水準にわずかな追加をした賃金で，近代部門が無限に調達できた。
** 本文6頁の脚注を参照。

通貨危機の政治的要因など，さらに，帝国主義，国際経済政策，国際秩序のカオスをめぐって。もちろん，うな重やざるそばを食べ，温泉につかり，遊覧船に乗り，諏訪大社や博物館も訪ねました。

　より多くの人が働くことで，社会は豊かになります。アダム・スミス以来，経済学や開発論の主要なテーマは「生産的労働」でした。生産的に働く人が少なくなれば，その理由が「戦争」であれ，「高齢化」であれ，社会は貧しくなるでしょう。時代遅れの規制や保護，技術変化による労働の再編と資本の偏り，土地所有や資産価格を介した貧富の極端な差，移動や参入への障害・摩擦，人種や身分による差別，実情を無視する官僚制，弱者を食いものにする政治家，犯罪やテロの多発，……その結果として，「不生産的な労働」が増えるでしょう。

　結局，国際通貨制度（IMS）とは何か？　政治的な影響とは何でしょうか？
　私はそれを，「貿易や国際投資を円滑に行うため，必要な公的関与を国際的に合意したもの」と考えました。しかし，現代では外貨準備やIMF融資ではなく，民間の国際資本移動，あるいは金融市場の自由化・統合化が重要であるから，「公的関与」や「国際合意」など無意味ではないか，という反対があるわけです。

　1990年代に発生した一連の通貨危機が提起した問題とは，通貨危機の社会的なコストを放置してよいのか？　公的な関与や国際合意によって「調整コスト」を抑制し，分担しなければならない，ということです。各国は，どのような為替レート制度を採用するべきか？　資本自由化を急ぐべきか？　地域的な合意や制度（EMU*やアジア通貨）は有効か？　など。議論の参考に，フレンケル（Jacob A. Frenkel）やポラック（Jacques J. Polak）の議論を読みました。[10] 彼らは，IMSの本質を「調整と流動性」であると考え，合意されたルールやSDR**を重視しました。また，為替レート制度について一般化できる選択肢はなく，正しい「理解」が重要だ，と主張しました。

---

　*　経済通貨同盟。1992年のマーストリヒト条約により，参加条件を満たす11カ国が99年から為替レートを固定し，ユーロと同じになった。2002年から12カ国で自国通貨を廃しユーロのみ流通させる。
　**　特別引出権。1970年，IMF協定の第一次改正で合意した外貨を引き出す権利。IMFや政府間の国際決済手段となる，人工貨幣の萌芽，と見ることができる。

IMS と言えば，私にとっては，国際収支不均衡の調整であり，そのために合意された行動規範，でした。しかし，確かに，詳しく合意することは非常に難しいと思います。SDR が重要な役割を果たす見込みはなく，IMF の廃止や融資の制限が議論されています。「為替レートを，政府が望ましい水準に誘導する？　そんなことまだ誰か議論しているのか？」

　さまざまな改革案が議論されながら，IMS 自体は変わっていません。問題があると分かっていながら，なぜ合意できず，何も実現しないのか？　「円滑な調整」が「危機」に変わる時，政治的要因が動きます。私は，危機によって社会的アクターが再編され，現実（制度）の変化を支持する政治的基盤が形成される，と考えます。その時，革新的アイデアが社会的アクターの編成と IMS 改革とを結びつけます。

　国際的不均衡が，再統合された東西ドイツのように，積極的な財政移転で解消されるとは考えられません。また EMU のように，必ず，通貨と中央銀行を地域統合することが正しいとも思えません。ドル化が選択されたのは，アメリカとの取引が重要な小国で，その国の通貨が混乱し，あるいは完全に信用を失った結果，民間取引からドル化が進んだからです。あるいはアルゼンチンでは，メネム大統領の進めた自由化政策と資本流入，言い換えれば，その権力基盤を維持するために，カレンシー・ボード[*]をさらに完成させてドル化を唱えたわけです。

　通貨危機は社会的アクターを再編し，（国内でも，国際的にも）権力基盤を動かし，実現可能な改革案の範囲を一気に拡大します。その意味で，危機こそ改革を実現する条件なのです。もし世界が単一の民主的な秩序によって支配されているなら，つまり，IMS を民主的な投票で選択するなら，改革の内容と実現可能性は今とまったく異なるでしょう。現実には，①資本市場統合化の改善（B. Eichengreen），②ファンダメンタルズに従う為替レートによる調整（J. Williamson），③多角的サーベイランスと融資条件の改善（IMF），という流れが，今後も混在すると思います。

　＊　通貨価値への信頼を得るために，外貨準備と通貨の供給量を等しくする制度。

私たちが議論したもう一つのテーマは,「帝国」や国際経済政策,構造的権力,秩序の解体,などでした。帝国という秩序は,圧倒的な軍事力や知識・技術・文化の水準によって不可避なものとなり,平和や繁栄をもたらして歓迎されたのではないか？　帝国の衰退がもたらすコストを,人々が「外部の支配」によるものと見た時,どれほど反対派を弾圧しても帝国は崩壊しました。他方,その解体が,自然に,民主主義や市場を機能させるわけではない,と私も思います。

　イラクと中東について,朝鮮半島について,台湾海峡について,中国について,東南アジアのイスラム原理主義について,チェチェンについて,アフリカについて,沖縄の米軍基地について,世界の物流ネットワークについて,石油や水の枯渇について,……私たちはアイデアや情報を交換しました。必ず,日本も変化するでしょう。グローバル化する社会の脆弱さに,戦慄を感じます。

　帰りの列車の中で,合宿での議論を思い出していました。分からないことばかりです。しかし,人はまず自分の畑を耕さねばなりません。そして,話し合うことでしょう。世界のどこであれ,基本的な物資が豊かで,分配は平等に行われ,労働者がまじめに働けば,安定した職場と暮らしが手に入る,そんな平和な社会を秩序の中心に据えてほしい。ただ,そう思いました。

2004年の世界経済と中国 [11]

　2004年の *The Economist* による世界経済サーベイは「龍と鷹 "The dragon and the eagle"」[12] でした。ナポレオンも言ったように,「中国が目覚めれば,世界が動揺する」。

　世界の成長率は5％という予想を越える高水準を維持していました。その理由は,二つのハイオク・ガソリン,《アメリカの消費ブーム》と《中国の投資ブーム》を注ぎ込んだからです。中国経済の規模は,すでに購買力平価（PPP*）で見て世界第2位であり,成長や貿易,直接投資先に占める役割はさ

＊　為替レートを,同じ財（のバスケット）を購入できる通貨量の比率で決める考え方。*The Economist* は,これを単純化し,マクドナルドのハンバーガーを世界各国で買える価格として示した。

らに重要です。新しい世界の工場として，中国はコピー機，電子レンジ，DVDプレーヤー，靴の世界生産の3分の2を占め，デジタル・カメラの半分以上，パーソナル・コンピュータの5分の2を生産します。

　しかしこの二つの機関車は内部に問題があり，互いがそれを一時的に補い合っていました。アメリカはITバブルの破綻による（日本型）デフレの危機を恐れるあまり，低金利を長期にわたって維持しすぎた，と批判されました。人々は株価や住宅価格の上昇を期待して貯蓄を止め，消費に耽ったのです。他方，中国では投資ブームや不動産バブルなどが心配されながら，それにふさわしい金融引き締めが行われていません。人民元とドルは為替レートを固定し，アメリカの金融緩和が中国に波及する事態を変えようとしないのです。為替レートを固定するための介入と，ドル債券購入によるアメリカの低金利が，二つのハイオク・ガソリンを供給し続けました。

　この特集記事は，技術革新の波及とキャッチ・アップ過程が，中国の豊富な労働供給によって長期にわたる高成長を今後も可能にする，と基本的な楽観論を展開しました。中国の潜在的な成長率は7～8％である，とIMFも認めており，購買力平価によるGDPは2020年でアメリカを超えると予想します。市場為替レートでも2016年には日本を超えるでしょう。それは金融市場の激しい動揺も伴うかもしれませんが，かつてアメリカがそうであったように，長期的な成長は損なわれません。

　むしろ *The Economist* の重視する問題は，中国のもたらすデフレ懸念やインフレ要因に対して，主要国の金融政策が十分な分析と判断を準備できていない，ということでした。大統領選挙の始まった頃，中国から安価な輸入品が押し寄せるからアメリカはデフレや失業に苦しんでいる，という論争が起きました。しかし，選挙の終盤では，中国の過熱した経済と石油需要がアメリカのガソリン価格を高くしている，と非難されます。金融政策は，株価や為替レートではなく，インフレを抑えるためにだけ使われるべきだ，とグリーンスパン（アメリカ連邦準備制度理事会議長）は主張します。しかし，世界の他の中央銀行は住宅価格や金融資産，為替レートに，もっと注意しています。

　通念とは異なり，貿易や雇用をめぐって工業諸国が多くの利益を受けていま

す。中国が世界市場に参加することで最も損失を被るのは、同じような軽工業製品を輸出している貧しい発展途上諸国でしょう。工業諸国が受ける利益とは、①特化と世界的な効率改善、②交易条件の改善*、③開発モデルの普及による世界の成長加速、です。日本も含めたアジアの工業諸国は、開放的な中国の急成長によって生産拠点を移設し、多くの工業製品を輸入し、同時に、高度な工業製品の生産と中国向けの輸出を増やす、というわけです。グローバリゼーションを支えるリカードの「比較生産費説」**は今も有効です。

かつてイギリスからアメリカへの貿易・投資・移民を介した工業力移転と「大西洋経済」について、二人の研究者が重要な研究を残しました。[13] 新しい「太平洋経済」について、*The Economist* は資源、為替レート、金融政策を問題にします。資源に対する需要が増えることは一次産品生産の交易条件を改善し、世界の貧困解消に役立つでしょう。他方、資源の輸入国では価格変動を安定化し、長期的な解決のため技術革新に投資しなければなりません。中国の需要も、資源の効率的な利用によって大きく抑制できます。

The Economist から見れば、問題は中国が世界市場に参入したことではなく、それを各国が市場の調整に結びつけるかどうかです。それには、発達した工業諸国が製品市場を開放し、労働市場の弾力性を高め、失業する労働者が教育や訓練を受けて新しい職場に移動できることでしょう。かつて1970年代にも、日本が世界の工業製品市場を席巻し、欧米で雇用危機と保護主義が懸念され、同時に、資源の枯渇や石油価格高騰が騒がれました。この時主要国は金融政策を過度に緩和してしまい、その後のインフレと停滞をもたらしたのです。

フランス革命についての評価を聞かれた周恩来は、「評価するにはまだ早すぎる」と言ったそうです。中国の改革と世界市場の変化について評価するのもまだ早すぎるでしょう。それは中国だけでなく、今後の主要国の対応にかかっているからです。

---

*　交易条件とは、その国の輸入価格と輸出価格との相対的な変化を示す指数。輸入価格が下落し、輸出価格が上昇すると、同量の輸出で、より多くの輸入ができるから、交易条件の改善、という。
**　6頁の脚注参照。

分配問題と権力者[14]

　富の分配問題こそ，政治経済の基本です。そのすべて，とは思いませんが。社会的に獲得される価値あるものは，誰かに帰属し，誰かの支配に従うのです。

　何にでも値段はつきませんし，機会費用は一つではなく，常に安定してもいません。制度や秩序が変化する際には，市場以外のすべての力を使って，それを決める覇権が争われます。

　「市場の規律」は理念として後退し，グローバリゼーションへの抵抗か調整か，閉鎖的なポピュリズムか，あるいは大陸規模の地域ブロック化を目指す連携，無数の投機に翻弄される通貨的混乱，中央銀行家たちの孤高の国際協調，……異なったシナリオと，それをいろいろな意味で支持し，あるいは破壊する，政治的にさまざまなモデルが競争し始めます。

　それがどのようなモデルであれ，富と権力の分配について，社会的に価値あるものの再生や集合的管理について，社会は合意を必要とします。技術的な条件，政治制度と民衆の意識，政治指導者が語る言葉，国際機関と巨大企業が分配問題に関わる程度，競争市場への集団的規範，経済的・制度的弱者への配慮，革新とその波及をめぐる資源再配分メカニズム，その他，異なった条件で，各社会は答えを模索します。

　しかし企業でも社会でも，短期的に最も重要な要因とは，権力者（政治的秩序と社会的な圧力を組織する指導者）そのものです。誰が権力を握り，何をその目標とするのか。その人物の思想と行動が社会モデルの行方を決定します。その人物と，社会が全体として達成する価値の基準とを，一致させる仕組みが必要です。

　長い目で見れば，市場が権力を決める，と言えるでしょう。どのような権力者も，結局，権力を失い，すべて死にます。彼／彼女のモデルが生き残れるかどうかは，市場が決めるのです。

　日本の勤労者は，自分たちの貯蓄が土地や株式のバブルで膨張した後，半減したことを知りました。銀行を責め，大蔵省を責め，円高を責め，自民党を責め，郵政省を責め，自由化を責め，外人投資家を責め，無能な野党を責めまし

た。そして？ ……今もデフレを責め，中国を責め，アメリカを責め，ホリエモンを責め，オウムの麻原を責め，外国人犯罪を責め，北朝鮮を責め，憲法9条を責め，靖国参拝を責め，皇室継承や皇太子妃を責めます……。

　この時代の教訓は繰り返し議論されるはずです。その上で，政治指導者たちは未来に向けて，理念もしくは原則と，具体的な行動計画を示して選挙を戦います。

匠・生産者のための社会[15)]

　NHK「上方倶楽部」で，内橋克人氏の対談「人間の経済を求めて」を観ました（2003年6月19日）。氏は「匠」の生き方に日本人の心のよりどころを求めます。匠は，無名で，義理堅く，寡黙な人たちです。匠たちは孤独に工夫を重ね，真っ暗な部屋を手探りで進み，ついに技術と技能とをつなぐドアを開けます。彼らがその体で示す生き方に，畏怖と尊敬の念をいだく，と内橋氏は語ります。

　内橋氏の母は，タバコを売るのにも「手渡し」にこだわったそうです。自動販売機を入れて，より多く売っても，その儲けがどうしても自分の物とは思えなかったからです。「他人（ヒト）の弱味につけ込むな」と何度も教えたおばさんや，疎開先の兄弟に何もしてやれず，歩いて帰った「悲しい」父の姿について語りました。昭和20年の神戸大空襲の際，盲腸になった氏の看病に訪れて，身代わりのように死んだ女性の位牌を，氏は枕もとに置いて忘れません。そして，日本人には，多くの身代わりとなって死んだ人たちがいる，と言います。

　内橋氏は，経済がまやかしである，と考えます。まじめに働いてきた多くの日本人が「10年の不幸」を強いられたとしても，彼らが怠け者であるわけはない。政治指導者たちがまともな仕事をしなかったからだ，と言います。「翻訳経済学」のいいかげんさに怒りを表し，自分の目で確かめない者が言うことは信用できない，と静かに断言します。会社が潰れても，人間は潰れない，そんな社会の方がよい，と。

　経済学は万能ではありません。市場の力を無視することは愚かですが，経済

学で説明できることは限られています。

　寡黙で，律儀な，無名の人々を尊敬する社会に，私も住みたいと思います。自分の能力や好みに応じて職場を移り，本当にやりがいのある仕事を求めて，人々は匠を目指します。そして，法外な所得を占める市場の勝者など，どこかの島で金融ギャンブルに耽らせておけばよいでしょう。その島から出る時には，彼らにふさわしいと社会が認める報酬だけを与えます。

　生産者と言えば，ジェームズ・キングの『中国が世界をメチャクチャにする（*China Shakes the World*）』を読みました。読み出したら止められない面白さです。中国は，共産主義革命を輸出することに失敗しましたが，おもちゃや靴下，ブラジャーやトースター，半導体や携帯電話の輸出で，世界を震撼させ続けているのです。

　たとえば，くず鉄や石油，資源への中国の旺盛な需要は世界の姿を変えています。世界中のマンホールが夜の間に消え，あるいは，冷戦においては重要であったソ連の軍事基地が跡形もなく解体されて，くず鉄として中国に送られました。「モントリオールで，グロスターで，クアラルンプールで，罪もない歩行者たちがマンホールにころげ落ちた……[16]」。この文句に苦笑しつつ，同時に，悪寒が走ります。

　その中国自身は，人口圧力と雇用危機を緩和するために高成長を続け，たとえ利益が出なくても企業が生産を拡大します。環境と住民への負担は限界を超えています。重慶のスモッグについてキングは書きます。「それは舌をぴりぴりさせ，毛布のように街をおおっていた。私には，スモッグが渦を巻きながらホテルの廊下にまで入りこんでくるのが見えるような気がした」。「たどたどしい英語を話す高校生の少女が近づいてきた。……ここから連れだしてほしい，と少女は訴えた。環境汚染がひどくて死にそうです。みんな害をこうむっています。静かな涙が頰にこぼれ落ちた[17]」。

　中国人民が経験しているグローバリゼーションは，世界のどこよりも激しい社会的軋轢を生じています。私は，日本などの裕福な諸国が中国を責めるより，公害や都市化，資源不足，産業構造の高度化，労使紛争，金融危機，などを克服してきた自分たちの制度や政策を示して，中国とアイデアや制度を共有する

> （中国の）歴史は，公正で，誠実で，他者のために生きる人たちへの敬意に満ちている。……
> それでも，信頼は貶められやすい……
> 金（カネ）に縛られた価値体系が優勢となり，信頼を空ろにする。[18]

グローバリゼーションに生きる[19]

　人間は，もちろん，自分の生き方を自由に選択し，個人としても社会としても，豊かさを求めるものです。成長は都市を拡大し，大規模な工場や流通・在庫システムの管理を必要とします。貿易や金融における特殊なサービスが都市に集中します。急速な技術革新や流通経路の変化は，多くの貧民と移民を生み出し，田舎でも都市でも，富と秩序を維持するための強権的な支配構造が築かれます。都市的な生活こそ，私たちの満足と不幸を作り変えてしまう人間の溶鉱炉，あるいは，養鶏場です。

　25万羽ものニワトリが，生き物ではなく，生産物となって卵と鶏肉を市場に供給し，海辺や川原をコンクリートで埋め立て，魚の住めないような濁った海や河にしてしまい，山林を放棄して，ヘドロに埋まったダムが洪水を防ぐのか，と思うと，こうした暮らしに背を向けたい感情に駆られます。しかし，私の快適な暮らしは，地下からくみ上げられた石油を燃やして大気を汚しながら，子供を塾に送ったり，昼ご飯にラーメンを食べるため自動車を走らせたりする毎日からなっています。

　アメリカ人は，妊娠中絶や同性愛の婚姻を法的に認めるか，禁止するか，激しく論争しています。フランスでは，イスラム教徒の女性のスカーフ着用を他者に信仰を強要する行為と見なすのか，それとも不当な社会的差別とそれを黙認する政府やマスコミへの抗議の表明と見るのか？　と議論しています。監視されることも規範を問われることもないインターネットの利用者は，子供のポルノを売買し，匿名性を利用した犯罪や，仮想空間の恋愛，憎悪，偏見，狂信，

などに走るのではないか？　そんな不安が広がります。

　アメリカの BSE が怖くて牛丼が食べられない？　タイやベトナム，丹波町の鳥インフルエンザで焼き鳥が食べられない？　SARS が流行すれば，たちまち，日本の家電産業や景気回復も脅かされる？　しかし，本当にこのような巨大化偏愛症候群が正当な根拠を持つでしょうか？　産業の最適規模は，宣伝や流通のコスト，融資の選別など，私たちの満足以外の点で歪められていると思います。マイクロソフトやウォルマートより，本当は，少人数でもっと良い製品・サービスを提供できる企業があるはずです。街中に溢れるスターバックスやマクドナルドに，小さいお店でも，誇りを持って仕事をする無名の人々は，悔しい思いをしているでしょう。

　もし社会や環境が将来どうなるのかを具体的に想像する力を失えば，自由貿易やグローバリゼーションも虚構のドラマにすぎません。そして，理解できない世界に不満を抱く私たちこそ，さまざまな矛盾した説明が取り巻く，魔法の世界に生きる住民なのです。

第2章　グローバリゼーションの政治条件
―― 民主主義と都市

境界を越える支配と秩序[1]

　地域紛争や民族虐殺の影響を，ロンドンもパリもニューヨークも感じているでしょう。中東和平プロセスとイラク戦争のこだまを自分の街で聞くわけです。数年前に，私はイギリスにおける人種隔離や「白人の逃避」を調査しました[2]。白人たちの住む平穏な郊外と，街の中心部には廃墟となった織物工場。

　自由貿易や移民増大に対する不安が広まります。グローバリゼーションは本当に利益をもたらすのか？　社会の不安定化と，極端な貧富の格差。制度を改革する政治的意志を，それぞれの社会が示さなければなりません。世界は変わります。ロンドンでは再びテロがあり，同じ日，中国は人民元を切り上げました。

　1948年，ベルリンは封鎖され，1997年，香港は返還されました。今や，領土的な支配，軍事力が決めた境界を越えて，変化は波及します。

　ブッシュの文化＝宗教戦争などと言われたり，マクドナルド，ハリウッド，MTVなどをアメリカの文化帝国主義と呼んだりします。「中東を民主化する」と言って軍隊を送るより，若者の性革命と，グローバリゼーションによる雇用増大・富裕化を広める方が，アメリカ・モデルは世界を震撼させるでしょう。

　グローバリゼーションにより刺激される変化の波は，婚姻や学校，老人，病人などに関わる，非市場的な社会的合意を動揺させます。めったに人も来ない，小さな村に暮らす貧しい家族が，市場によって豊かになり，初めてテレビや携帯電話，そして自動車を買って，都会にも遊びに出るようになれば，若者たち

から，グローバリゼーションが彼らの生活に感染を拡大するでしょう。そして，市場と非市場との社会関係を互いに調整する作業は，個人や家族の安定性に大きな負担を強いるわけです。

　もし日本がグローバリゼーションとの結婚を考えるとしたら，自由貿易は富を増やすから，というだけでは不十分です。すなわち，新しい社会制度が誕生するのです。

　私の孫たちは多言語を話し，諸外国に散って，多くの隣人が不思議な音楽や食事を楽しみ，なかには同性同士のカップルや，集団で養育を分担する集合家族が，緑の豊かな公園で談笑する。街のあちこちで，さまざまな宗教的儀礼による祝祭と葬礼が催されている。私は，ふと，昔はここも住宅ばかりが密集して，そう言えば，軍隊みたいに，会社へ向かう通勤のサラリーマンを満載したバスが，毎朝，駅への道に列をなしていたんだよ，などと，いろいろな肌の子供たちと，散歩しながら話しているのでしょうか？「えー！　信じられないよ!?」という子供たちが，面白くて，かわいいな，と思えないなら，グローバリゼーションは遠い道のりです。

われわれの時代，政治の条件 [3]

　年の瀬に，二つの評論を読んで感心しました。三浦展「信頼喪失社会：背景に画一化，階層化」，高村薫「同：言語能力衰弱の一途」(『読売新聞』2005年12月27日，28日)です。三浦氏は，地方が都市に呑み込まれ，匿名化し，流動化してきた，と考えます。日本中が幹線道路で結ばれ，単なるベッドタウンとなり，地方の歴史や自然が失われています。ファストフードのチェーン店，巨大なスーパーマーケット，レンタル・ビデオ，……どこも同じような風景に変わっていきます。

　三浦氏は，これを「ファスト風土」と呼びました。さらに，このような変化をもたらしている同じ力が，人々をゲームや携帯電話による偽装された親密さに閉じ込めます。崩壊した地域社会は，まるで町はずれのゴミ捨て場のようになって，都市の犯罪者を呼び寄せ，現実の生活や「命」の感覚を失った人々が

「幹線＝感染」道路を漂流し始めます。三浦氏は，社会の階層化が凝集し，再生する力を持たない，惰性的な階層化が始まっていることを警告し，恐れているのです。

冒頭において，高村氏はあふれ出る空虚な言説の急所を叩きます。「みんなが『不安だ』と口をそろえる。だが，そこでとどまっているのは問題だ。個々の出来事が，どんな仕組みで起きたのかを調べ，社会全体の中に位置づければ，やるべきことは見えてくるはずだ」。

テレビというメディアが登場してから，私たちは急速に「言葉」も「身体」も失い，社会の広がりを感じられなくなりました。テレビの前に長くいるほど，自分の言葉で考えず，自分と他人との身体感覚を失ってしまうからです。インターネットはこの傾向を一気に加速しました。「電車の中で化粧する人……彼女にとって周りの乗客は人間ではなく，影に過ぎない」。それゆえ私たちは「公共性」を（当然）見失い，世界を持たない。……刺激に反応するだけの動物，欲望する機械，になってしまいます。

文明化や都市化によって，伝統的なコミュニティーや公共秩序が崩れ始めます。人間的な幸せを満たす，良い社会を目指すなら，技術の変化に対応できるように，人間の能力を鍛える必要があります。それは現実を捉える言語や分析力であり，社会的・政治的な構想力です。市民の一人ひとりが，身体感覚としてそれを備えていなければ，社会は秩序を再編するより，むしろ自壊作用を強め，あるいは悪しき意図によって簒奪される。……それはどこか，2030年を描くアニメ映画『イノセンス』の風景に重なります。

文章や会話，演説ではなく，テレビや携帯電話，漫画，映画に示された政治表現が人々のイメージを支配します。また，インターネットによる流言飛語とセンセーショナリズムが，突然，穏健なはずの多数意見を切り崩します。アメリカの巨大キリスト教会のように，瞬間的な熱狂と一握りの狂信を持続的な政治勢力に転換する《装置》や《モデル》がすでに開発されています。今にも，中国の日本大使館員「自殺」に呼応するネット世代が反中国デモを呼びかけ，あるいは，東京証券取引所がハッカーたちの競技場に変わるでしょう。政治的言語を駆使する能力を持たない日本の政治家に代わって，さまざまなテレビ・

タレントたちが，メディアや世論を先導します。

　ラリー・ボンドの戦争小説も読みました。アメリカ海軍の作戦・分析・シミュレーション専門官であったボンドは，小説『核弾頭ヴォーテックス』で，南アフリカのアパルトヘイト体制崩壊を描いています。キューバ軍やアメリカ海兵隊の直接介入，黒人の反政府組織，白人至上主義の大統領，そして，核兵器や化学兵器まで使用される戦争へのエスカレーションを，緻密に想像します。政治的目的，変化する状況と選択肢，支持についての多角的な計算，指揮官たちの難しい決断，……それらに，アメリカ大統領も，キューバ軍の将軍や，ソ連の共産党書記長も，あるいは，さまざまな部隊の指揮官，ジャーナリスト，黒人労働者の一人ひとりも，直面しています。

　現実離れした話でしょうか？　ロシアではプーチン大統領がチェチェンに軍事介入し，メディアを統制し，市民運動を弾圧しています。そして，親西欧的なウクライナの政府に圧力をかけるため，天然ガスの供給を止めました。他方，アメリカではブッシュ大統領が拷問や盗聴を公然と正当化し，国内の社会的な弱者を軽視する政策を支持し，イラク占領による犠牲者も増え続けているのです。中国，インド，パキスタン，北朝鮮，……核兵器はアジアに拡散し，アメリカやロシアは核の廃棄より新型核兵器の開発を目指しています。狂信的な政治指導者やテロリストが原子力発電所や核弾頭貯蔵庫を襲撃し，あるいは化学兵器を都市で使用するような危険は，たった今，日本にもあるのです。

　大晦日に子供たちとお墓参りをしました。人はすべて死にます。そうだとしても，世界には墓標すらない死者が一杯です。津波の被害から立ち直るのを助けることができたように，社会はその意志があれば，もっと多くの善いことを実現できるでしょう。……日本のすべての都市が交響楽団やブラスバンドを持ち，毎週，小学校や中学校を一つ一つ演奏して回ってほしい，と思いました。楽団員は市役所の仕事を少し早く終えて練習と演奏に励み，子供たちに《感動》を与えます。

民主主義の不安と可能性[5]

　フランスでは2005年，移民の2世・3世が郊外で暴動を起こし，今また学生たちがパリ市街や大学を封鎖しました。アメリカでは議会における移民法改正論議に反対して各地でヒスパニック系住民の集会やデモが行われています。またタイでは民衆の激しい抗議活動によって首相が辞任しました。フィリピンでも政治危機が続いています。ラテン・アメリカ各国では大衆抗議と野党候補の善戦，勝利が伝えられています。アメリカのブッシュ政権でさえ，イラク戦争に対する国民の不満が強まり，ラムズフェルド国防長官への辞任要求を拒むことに大統領は苦心しています。*

　日本では？　不思議な《権力の真空》状態が広がり，尊敬される野党はなく，都市のデモもなくなりました。まるで日本だけが地球ではないかのように感じます。日本以外の国で政治が不安定化し，権力がシフトした理由を三つ考えました。①都市中産階級の民主主義に対する強い不満，②グローバリゼーションにおける受益者の倦怠，③移民や中国，失業への不安。

　韓国，タイ，フィリピンのような，民主化を求める都市中産階級の姿は，今の日本にないかもしれません。戦後の大衆抗議や社会運動を担った世代は高齢化し，すでに多くが引退しています。ブッシュの軍隊でも退役軍人が不満をなかなか公にしなかったように，日本の高齢者も年金と医療費をもらう以上，政治に余計な口出しはしない，と思っているのでしょう。秩序を変えることで何かが得られると願う情熱は，言うまでもなく，老人のものではありません。

　グローバリゼーションの利益は，確実に，反対派を減らしました。もし食べ物や衣服の価格が今の3倍も4倍もしていたら，激しい抗議デモが起きたはずです。逆に，その不利益は見えにくいのです。たとえ日本企業が国内雇用を減らし，海外生産拠点にばかり投資しても，雇用不安は下請けや派遣労働者がもっぱら感じることです。

　中産階級が民主主義を育てたような「都市の文化」は死滅し，ようやく訪れ

＊　2006年，中間選挙後に辞任。

た好況に、見捨てられていた土地や株式の儲け話が復活し、もっと違う価値観を広めます。働かずに楽をして儲ける超富裕層の成功談に比べたら、働く者の権利や、住みよい町、大切な自然環境など、クズみたいなものかもしれません。グローバリゼーションの受益者は退職を待ち望み、その被害者はいまだ地下経済や海外のスラム、そして遠くの戦場にいます。

　今の私たちが、なぜこれほど豊かなのか？　もちろん、どこかに優れた輸出産業があるのです。輸出を伸ばす企業が、将来もこの地に栄えるでしょうか？……アルゼンチンと同じような危機と衰退を繰り返し、50年後に日本が「衰退の謎」、「硬化症」、「慢性的危機」の代表例として経済史の教科書に記載されているとしても、私は驚きません。

　改革を唱える政治家が多数派によって退場を強いられます。一人ひとりは賢くても、多くが集まれば話はまとまらず、次元の低い理由で、粗末な醜い収拾策が最終案として誕生します。疲弊した閉鎖的（既得権維持）制度にありがちなことです。こうした最終的妥協案こそ、各人の思考に硬直化と沈黙を強いるのです。それが解決策を示したものではなく、実際には密室内の秘密取引と、排除された者へのコスト転嫁を合意しただけだ、とは決して語りたくないからです。

ドラキュラ効果[6]

　もしイギリスのように（？）、サッカーやセックスの話題、そして政治家を揶揄し、嘲笑することで販売部数を競う大衆紙が広まり、またアメリカ中南部でキリスト教各派の指導者が行う説教、右派の新聞、宗教ラジオ、保守系ケーブルTVの政治ニュースしか知らない有権者が増えるならば、政治家は選挙の争点を何に求めるでしょうか？　選挙に勝つためには、当然、異なった種類の政治家や演説が求められるわけです。

　民主主義が機能するためには、マスコミや政治宣伝を事実に照らして監視する委員会が必要になります。そんなことを言えば、オーウェルの政治寓話や日本の大本営発表、北朝鮮のテレビ・ニュースを思い出しますか？　アメリカ人

は，報道の監視も民間団体がインターネット上で独自に評価を公表し，互いに競い合うことを好むでしょう。ただし，アメリカにも公共放送（PBS）はありますし，イギリスは優れた国営放送を維持しています。そしてBBCのイラク戦争に関する報道で，政府が情報を操作し，干渉したのではないか，という疑いについて，議会が特別審査委員会を設けました。日本，ドイツ，フランス，中国，オランダ，スウェーデン，カナダ，などが，どのようにマスコミを（特に政治や選挙について）監視し，あるいは公共放送を維持しているのか，比較・検討してほしいです。

　ヒトラーでさえ，国家社会主義政党を率いて，選挙で権力を得ました。

　しかし，たとえ世界恐慌や連続テロが起きても，日常は連続しており，社会を常に正常な水準に回復しようと私たちは努力します。どれほどアメリカに権力が集中しても，それは相互依存のネットワークに頼っています。2期目のブッシュ政権が具体的政策をすべてネオコン*やキリスト教右派に頼るとは思えず，安全保障以外では，もっと現実的で，むしろ複雑な政策を展開するでしょう。イラク戦争の戦費を増税せずに賄えるのは，日本や中国がアメリカの双子の赤字に投資するからです。アメリカは世界の貿易取引を，その過剰消費やバブルによって支え，テロとの戦争で支え，中東の油田確保で支えている，と主張するでしょう。その一方で，むしろ金融危機の恐怖から，財政赤字を削り，ドル高を是正し，アメリカ軍の過剰な展開と維持コストを抑えたい，と願っているのです。

　グローバリゼーションの反対運動に対して自由貿易を支持するバグワッティは，貿易による制裁を，児童労働や労働者の搾取，環境破壊，野生動物への虐待などを行う政府への懲罰手段とすることに反対します[7]。世界を閉鎖的で，より貧しくすることが，正しい選択を促すとは思わないからです。また，彼は「ドラキュラ効果」を信じます。自由貿易という「強い光」を浴びると，間違った政策を取る政府はドラキュラのように衰え，死んでしまう，と。

　ブッシュ政権の世界でも，「ドラキュラ効果」は有効でしょうか？

＊　14頁の脚注を参照。

政治的視野を拡大する[8]

　ブッシュ大統領が選挙のために導入した鉄鋼製品への関税は，WTOによって協定に違反していると判定されました。他方，中国の対米貿易黒字はさらに増加し，その為替レートに対する調整を求める声が高まっています。経済学のテキストに従えば，アメリカは鉄鋼関税を撤廃し，中国は人民元を切り上げるか，変動レート制にして通貨が増価するのを許すべきです。しかし，政策を決定するのは政治家です。

　常に，政治的目標が重要です。ブッシュ氏の最大の目的は，おそらく，大統領選挙に勝って，権力を獲得（そして維持）することでしょう。他方，中国政府の目的も，政権基盤を確立し，特に，2008年の北京オリンピックに向けて雇用を維持することでしょう。政治的目標は，経済学が考えるような「社会的厚生」や「効率性」とは一致せず，たとえば「社会的な正義」や「分配」の意味も状況によって変化します。

　EUはアメリカの関税に対して，アメリカがEUに対して行ったように，ブッシュ氏への政治的なダメージを最大にするような報復を準備しています。中国政府は為替レートで妥協する姿勢を見せず，協議を継続しながら，その他のさまざまな介入手段を駆使してアメリカ議会の保護主義を緩和するでしょう。そして，こうした国際紛争の影響は，世界の貿易体制や通貨秩序にも影響し，それに大きく依存する小国の運命を翻弄しつつも，彼らには発言する機会がありません。

　グローバリゼーションによって，国内の政治的な交渉と政府間の国際交渉とが緊密に結びつくと，政治的な（一種の）「比較優位」により，政策が選択されるでしょう。政策変更の時期や分野，同じ政策でも国によって何を意味するのか，政府の説明や報道は異なります。それゆえ，政治家たちは国際的な駆け引きを始めます。その権力が不安定な均衡に依拠し，政治的分裂を回避したいと願うほど，経済的な合理性や効率は無視され，野蛮な選択肢が短期的に採用されると思います。

　グローバリゼーションの逆説として，市場による統合化が進むほど政府の関

与は増大する傾向がある，とロドリックは考えました。ロバート・ギルピンは，産業政策や管理貿易はなくならない，むしろ増えるだろう，と考えます。またスーザン・ストレンジも，世界化する金融市場を自由化するのではなく，もっと管理しなければならない，と考えたでしょう。市場による統合と産業構造の世界的な変化や，金融市場で頻発する危機は，それぞれの社会的な勢力均衡を維持するために政府の積極的な介入を必要とします。相互依存した世界では，こうした政府の市場介入が予測できない国際的影響を及ぼし，摩擦や紛争，報復や戦争を引き起こします。

核兵器の管理と同じように，貿易摩擦を回避するには，視野の限定された選挙区政治と，世界的な調整を切り離す仕組みが必要です。すなわち，国際機関の正当性を高め，それが行き詰まれば，利益を共有する諸国・組織が集団的な解決を図るべきです。それを欠いたまま，活発な民間資本移動と変動レート制が通貨同盟やドル化に向かうのを，オーウェルの喜びそうな新言語により，「開放型のブロック経済」，「市場に依拠した制度的調整」，などと呼びます。

アメリカの次の大統領も，中国の指導層も，それぞれの政治的目標を状況に応じて選択するはずです。そして経済学は，自然や技術的な条件とともに，市場参加者の雰囲気や政治的決定によって形成される需要こそが，正しい手段を選択する基準であると考えます。

何よりも，それぞれが直面する現実によって微妙に，ときには劇的に，変化し続ける人々の感覚が，政治家の状況を構成します。いつか，アメリカ政府が積極的に関税や補助金，移民規制を撤廃し，中国政府も為替レートの弾力的な調整を支持して，貧しい諸国との貿易や投資を刺激することを通じて，世界が成長できるような政治的視野を，指導的な人々が獲得するでしょう。

その時，日本はどうするのか？

帰属意識と社会参加 [11]

自宅のすぐ近くで，幼女誘拐・殺人事件が起きました。小学校1年生の少女が誘拐され，殺害・遺棄されたのです。ブッシュ再選を促した寓話「セキュリ

ティー・マム」[**]を思い出します。私たちの関心は萎縮し、保守化します。恐怖は、社会・政治的な意識の広がり、もしくは、想像力によって得られた理解や共感を奪い、私たちを土着の信念や偏見、狂信に回帰させます。

「望ましいのは大きな政府か、小さな政府か？」とゼミ生たちが議論する中で、「政府は何をするのか？」という質問を受けました。私は、「インフラ投資と、社会保障（年金・医療）と、戦争」と答えました。あるいは、世界経済で生き残るためイギリス労働党が唯一の政策として掲げた「教育、教育、そして教育」でしょうか。そこには経済競争だけでなく、社会的結束（もしくはコミュニティーへの帰属意識や忠誠心）という目的もあります。

移民問題を教えるために、デレック・ヒーターの『市民権とは何か』（岩波書店、2002年）を読んでいました。その中で、市民と帰属意識に関する叙述に興味を持ちました。ルソーは、民主主義への期待と、一般大衆への不信との間で、対立する感情に苦しみました。市民権・意識の範囲は、なぜ変化し、どのようにして決まるのか？　政治に参加する市民には十分な時間がなければならず、それゆえ資産を保有し、利益の点でも社会や国家を代表していることが重要でした。さらに、市民たちがより大きな、将来に及ぶ公共心を持ち、国家に対する永続的な忠誠心を持たなければ、政治は機能しません。その意味で、マキャベリもルソーも、市民が兵士としての役割を果たすことを重視しました。

現代の世界的な移動性は、領土的国家への忠誠心を脅かすものです。

オランダのイスラム教徒による殺人事件は、どれほど進歩的な、超近代的金融サービスや社会福祉に依拠した市民社会でも、新奇で異質なものへの寛容さや自由を急速に失い、市民についての意識を縮小させてしまうことを示しました。これは民主主義の後退でしょうが、政治は現実を反映します。世界には、超富裕層もいれば、底辺を流浪する階層もいます。文明の「巨大な車輪」を回すのは、公共心より強欲なのでしょうか？

誰にも、それぞれ自分のアイデンティティーがあります。だから社会に参加

---

[*]　2004年11月、奈良市の小学1年生の少女が誘拐され、殺害された。幼児性愛者の犯罪としても注目を集めた。
[**]　2001年9.11同時多発テロにより、アメリカ人の関心が家族の安全を求めることに向かい、保守化した。

し，文化を共有しながらも，自分たちの人生が進む道を理解し，自分の生活に充実した意味を感じることが重要です。たとえグローバリゼーションにおいて，それが非常に難しくなるとしても。

移民労働者を差別しない社会を作るには，A）まず自分がまじめに働くことです。自分の仕事に誇りを持った社会であれば，たとえ国籍や出自が異なっても，同じ条件で仕事を競い合うことを正しいと思うでしょう。そして，B）社会的な移動性と個人による改良が活発な社会です。居住や職業選択の自由，一般に，地理的移動，社会的地位の上昇，制度的な革新が十分に実現可能な社会です。最後に，C）所得格差を効果的に（人々の活力を削ぐことなく）抑制している社会です。たとえば，公共的な必要が広く満たされているために，最底辺で社会に参加し働く者であっても，平穏で豊かに暮らすことができる社会です。

グローバルな政治の未来 [12]

なぜ若者は，電車の中でも，友人と大声で私的な会話に熱中するのでしょうか？　まわりを無視してヘッドホンで音楽を楽しみ，疲れた老人たちが乗ってきても足を広げたままゲームに夢中になる者が多くいます。電車の中と言えば，かつては新聞や文庫本を読む人がいました。友人もおらず，仕事もない若者が衝動的な犯罪に走り，あるいは殺人を犯したというTVニュースを毎日のように観ていると，彼らがもっと社会的な広がりに関心を向け，互いに暮らしを豊かにしたり，楽しくしたりできる関係を，もっと自由に持つことができれば，違った人生を生きたのではないか，と思います。

ヨーロッパがEUによって政治的に統合される日は来るのでしょうか？　最近のヨーロッパ憲章をめぐる世論は，フランスでもドイツでも悲観的です。……ベルリンの壁を再建し，できればソビエト連邦と冷戦も再現してくれたら，もう一度，個人の努力が報われる，安定した，より平等な社会が戻って来るのではないか？　アメリカ帝国とヨーロッパ帝国が対峙し，ソビエト帝国と中華帝国が彼らのバランサーとなる世界秩序を樹立すれば，辺境における民族紛争

や不安定な市場秩序を排除してくれるのではないか？……そんな妄想が漂います。

　私はEUが，政治統合としては独仏同盟とベネルクス3カ国に縮小した方がよいと思いました。そして，ユーロの加盟諸国は為替レートの固定化や通貨同盟からの離脱をもっと自由に選択すればよいでしょう。ヨーロッパ憲章が，言わばIMF協定と同じように，加盟諸国に対する政治的合意と参加基準を示し，加盟国の社会・政治的危機に際して，協調して軍事的にも財政的にも支援する枠組みを提供するべきです。10億人に及ぶ巨大な民主主義を制度として強制することが，矮小な差別化やもっと野蛮な憎悪により，将来の政治的合意を阻むことを恐れるからです。

　経済的に見れば，自由貿易による相互利益こそグローバリゼーションの基礎です。経済の相互依存と資本移動が増大すれば，為替レートの変動を安定化する必要に気づいて，発達した工業力と民主主義を確立した諸国は共通通貨を樹立するだろう，とリチャード・クーパーは予想しました[13]。そのためには政治的な連邦制も必要か，それは分かりません。

　グローバリゼーションが進めば中産階級や平等な社会秩序は失われる，という懸念があります。知識による優位を常に再生するか，あるいは，低コストを武器に安価な輸出品で世界市場を奪えるか？　つまり，ヨーロッパも日本も選択を迫られるのです。「アメリカになるか？　それとも，中国になるか！」豊かな国の中産階級，世界システムの中所得国は，ともに破滅する危険が高まっている，とG.ギャレットは指摘します[14]。

　市場統合を優先するグローバリゼーションにおいて生じる不安定化やショックに対して，私たちは経済的な調整とともに，政治的な調整や和解，補償も必要としています。それにもかかわらず，政治家たちは問題を単純化し，粗悪な感情論にすり替えます。スケープ・ゴートの政治，人種差別の政治，エリート主義，排外主義，産業や文化の保護主義，集団化と英雄願望，……。

　私は中国が，将来，民主的に競争する複数政党制や連邦主義に移行し，アジア諸国との制度的な調整メカニズムにも参加するだろうと思います。安全保障も，資源・エネルギーも，交易の安全や輸送インフラの整備も，移民や資本移

動の安定化も，私たちは国家を超えて協力する必要があるからです。

　もっと自由で，もっと平等な（所得においても，社会的地位においても），安定した秩序のもとで，活発に革新を実現できる社会を地球規模で組織してほしいです。私の願うそんな社会が，どの国にも，誰にとっても，未来の領域にはきっと含まれているはずです。

ナショナルな政治システム [15]

　グローバリゼーションの渦中にある政治家たちは，ある時はナショナリズム，人種・民族・歴史の情念，紛争勃発への不安を動員し，またある時は貿易や国際投資の甚大な利益，技術進歩の素晴らしさ，未来の理想世界を動員します。

　……自民党総裁，そして首相となったA氏は主張します。《憲法を改正し，日米同盟を軸にアジアの安全保障を積極的に指導しなければならない。北朝鮮や中国の軍事力を抑止できるだけの軍備増強と，自国産業の競争力改善を最優先するべきだ。何よりも「愛国心」によって，教育システムやメディア産業を統制し，国内社会秩序を固めよう》……しかし，アメリカ政府は急速に中国寄りの外交を展開し，南北朝鮮の再統合によってアジアの秩序再編を考え始めます。

　……A氏が健康問題を理由に引退した後，首相となったB氏は，中国の台頭に先んじて日本企業がアジアと世界の市場を席巻できる，と訴えます。《アメリカと中国のバランスを重視し，国際秩序の平和的な再編成を指導するべきだ。靖国神社や天皇の皇位継承問題で内外の分裂を煽るのではなく，積極的に国際的な諸勢力の宥和を図ろう。イラク派兵や北朝鮮の拉致問題だけに外交を限定せず，貿易自由化や通貨協定，直接投資の急拡大で，アジアを越えた協力関係を築くべきだ》……そんな時，中国から21世紀最初の世界恐慌が起こります。

　アメリカの移民論争とフランスの移民暴動・学生暴動は，ともに「インサイダー」と「アウトサイダー」の闘争と理解されました。調整や補償，権利の政治的メカニズムは，その実現条件を急速に変化させるグローバリゼーションの

過程で，社会的な制約や負担，抜け穴となります。既得権を守るインサイダーと新興アウトサイダーとが衝突を繰り返し，国内政治勢力や制度の再編，政党システムの機能麻痺，ポピュリスト的独裁＊，などを生じます。

EUの構造改革も，社会・政治統合の理想を掲げるよりも，ますます競争と敵愾心で動きつつあります。労働市場改革や社会福祉改革は市民たちを苦しめ，エネルギー政策，企業買収，外交政策で各国政府は互いに対立しています。政治家たちが罵声を浴びせ合い，不安や恐怖を煽るのも，複雑な将来の計画に参加を促すより簡単で，確実に支持を得られると思うからでしょう。

中国の農村貧困，土地争議，米中間の貿易・通貨摩擦，などを解消することは難しいけれど，グローバリゼーションがその解決の条件にもなるでしょう。日中関係の改善と並んで，中国は北朝鮮を重視します。北朝鮮が核兵器を持つことで東アジア外交を複雑にするのを嫌いながらも，同時に，国境を接した隣国に深刻な政治不安が生じることを何としても避けたいと願います（アメリカにとってメキシコ・ペソ危機がそうであったように）。朝鮮半島の再統合（核管理）は，すでに，将来の国際秩序に予定された一部です。

あるものは腰痛になり，あるものは難聴に悩まされ，あるものは足を鉄板の下敷きにしてつぶし，あるものは足場から転落して死亡した。そんな造船労働者たちの犠牲のうえに，巨大なクレーンがたち並び，ドックがめまいのするほど掘りこまれ，バケ物のように大きくなった船が海に出ていった。[16]

*The Economist*や*Financial Times*ばかり読んでいると，世界は市場の流れに抗って変えられるものではない，という考えに縛られます。しかし，市場の示す激しい変動や気まぐれに翻弄される人々が，それでも毎日，荷を運び，クレーンを操り，食べるものや着るものを買い求めているから，市場は存在するのです。銀行家や政治家のおかげではありません。グローバリゼーションの，

＊　ポピュリスト。ポピュリズム。大衆の直接行動に訴える政治指導者の言動。下層の貧しい人々に短期的利益を約束し，さまざまな非現実的スローガンを掲げて，政権を取ることだけに政治を矮小化する場合がある。

誰がスチュアード（steward）で，誰がマスター（master）か？

自由の女神[17]

　リベラリズムとグローバリゼーションはアメリカの新しい《自由の女神》でした。そして彼女が見たくないものと言えば，戦争と世界不況でしょう。目の前で起きたテロ攻撃による阿鼻叫喚が，彼女を憎悪と戦いの神に変えたわけではないでしょうが，世界の何を照らすべきかについて，忘れたはずの悩みがよみがえり，深まったはずです。世界最強のアメリカ軍が極貧のアフガニスタンに降らせた爆弾と援助物資とでは，どちらが世界を救うのに有効なのでしょうか？

　NHKの「アーカイブ・シリーズ」を観て，昭和30年代の日本の映像に感銘を受けました。川はまだ下水管にされて埋め立てられず，道路には中央分離帯も歩道もなく，小さなオート三輪が人をよけるように走っています。農村からきた労働者は町工場の社員寮に布団を敷き詰めて眠り，バラックのような商店街での買い物に喜び，工場の卓球台でゲームに歓声を上げ，汗を流します。

　確かに，世界にもアジアにも，人々の所得水準や生活環境には大きな較差があります。しかし社会は急速に変わるのです。それが爆撃によってではなく，貿易取引や学校によってであることを望みますが，異なった極が互いに協力すれば，すばらしい成長の極が世界中に誕生するでしょう。占領する兵士の銃口や，村のすぐ外まで迫った疫病と飢餓の影に怯えることなく，若者や子供たちは工場や学校で将来を夢見て暮らせるはずです。

　本当に《自由の女神》がいるとしたら，彼女は《自由》という社会的な理想を照らすでしょう。爆弾でもチョコレートでもなく，貧しい者が暮らしを立て直して，自立できるような，政治的抑圧に苦しむ者が新しい社会システムを目指して交渉と合意を積み上げ，共通の制度を樹立できるような社会的自由を，彼らに与えるでしょう。

　戦争は，既存の極を支配するエリートたちのものです。私の《女神》は彼らを軽蔑し，静かに将来の機会を奪うでしょう。そして貧しい者を励まして，新

しい成長の極へと導くのです。

グローバル・ガバナンス[18)][*]

《アナーキー》[**]に対して，正当な秩序の確立とは既存の《政府》を世界的規模に拡大することでしょうか？　IPEの目標は，《世界政府》を主張し，実現することではありません。

社会の機能的統合，地理的統合，宗教的・政治的統合，を区別できると思います。人類の原始社会を，試みに，血縁集団が群れをなし，食べ物を求めて移動しながら暮らしていた，と考えます。この原始集団が《社会》と呼べるのは，彼らが恒常的な相互扶助や相互依存関係を発達させ，その中で子孫を増やして，信頼・忠誠を共有したからです。

文明社会から見て未分化の《社会》が，こうした有機的な統合体であったとすれば，定住し，農耕と都市，宗教を生み出した，その後の人類が蓄積した社会の基礎は，ハードとソフトのインフラです。城壁や都市空間，それらを結ぶ道路，文字と複雑な表現，信仰，契約や法律，武器，政治的な交渉とその制度，……人類は次々に限界を突破して《社会的進化》を遂げました。固定した社会と，その時代の支配的な様式を超える，優れた社会的想像力を持った人々が，兵士や聖職者（巡礼者），商人などの中から生まれたのではないでしょうか。

グローバル・ガバナンスを組織する時も，同様に，ハードとソフトのインフラが革新されます。たとえば，すでに以下のような議論が，新しいグローバル・ガバナンスとして，人類のますます広い部分において支持されています。

- 軍事的侵略・虐殺に迅速かつ制度的に対抗し，阻止すること。
- 水・食糧・エネルギーの安定した供給を確保すること。
- 環境保護を実行し，逸脱を許さないこと。
- 情報通信・移動＝輸送のインフラを計画的に整備，更新すること。
- 基本的人権の保障・民主化を擁護し，実現すること。

---

[*]　グローバル・ガバナンスとは，国家の領土を越えた統治能力を意味する。
[**]　各国内で成立しているような統一的秩序・正当な政治権力が，世界には存在しないこと。

●金融規制・監督に関する共通の基準を設け，秩序を維持すること。

　むしろ難しいのは細部の合意であり，実行可能な計画を得ることです。グローバル・ガバナンスを軽蔑もしくは恐れる人が多いのは，国連の貧困撲滅宣言やアメリカのイラク占領がうまくいっていないからであり，また，ソ連やナチス・ドイツ，関東軍・満州の人類＝地球改造計画を連想させるからでしょう。

　現代のヨーロッパやアジア，南北アメリカや中東世界を見れば，政府間協議・国際制度，超国家機関，ネットワーク，市場型のルール，が混在しています。これまで政府は権限を集中し，それゆえ問題を掌握し，あるいは秩序を強制する力を独占してきました。しかし，すでに変化は政府の手を離れたところで生じ，そのスピードに追いつけない場合が多くなったようです。政府の能力を高めようとすれば，逆にグローバルな社会的統合を妨げ，人々を離脱させるかもしれません。政府は，統治が有効な領域，政治的な介入を歓迎する集団，そのような問題の性質に絞って，政治的正統性や忠誠心を確保しなければなりません。

　世界各地のガバナンスには，イスラエルのシャロン首相がパレスチナの難民キャンプをブルドーザーで破壊・撤去して，軍事用の道路や防御壁を築くような状態もあれば，ヨーロッパが統一した政策を決めるために，政府代表と委員が集まって最終合意文書を作るため，休みなくマラソン審議を強いる状態もあります。覇権から代表制民主主義へ，グローバル・ガバナンスが進化する機会を，いずれの社会もつかみ取るしかありません。

　こうした人類進化のゲームがどこに向かうのか，預言者でもない限り，断言することはできません。しかし私は，グローバル・ガバナンスに向けた社会的革新が，たとえば世界都市において活性化すること，また，戦争の経験と政治的な言語が《想像力》を刺激し，共有されることを重視します。ニューヨークやロンドン，東京，上海などの政治空間と，そこでの政治的言説は，グローバル・ガバナンスを促し，あるいは歪めるでしょう。イラクの再建や各地の軍事境界線，紛争集団の分離に参加する多国籍軍の兵士が抱く憤りと，その犠牲者を悼む言葉から，グローバル・ガバナンスの政治表現は育つのです。

　グローバリゼーションの《原始の海》から，世界企業やテロ組織だけでなく，[19]

多くの NGOs も生まれます。毎月受け取る給与明細が物語るように，私たちは多くの労役を既存の政府に貢納しています。もし望むなら，世界中のどこからでも，私たちはグローバル・ガバナンスに参加できます。日本政府が動かないなら，あなたはグリーンピースによって原発を批判し，オックスファムによって貧しい国の自立を助け，「国境なき医師団」によって難民たちの窮状を緩和することに協力できます[*]。あなた自身が自ら NGO を組織し，世界を変えてはどうでしょうか？

 1000年後にも世界政府はできないでしょう。しかし，グローバル・ガバナンスはすでにあるのです。

---

[*] NGOs とは非政府組織のこと。オックスファムは開発や援助に民間で取り組み，「国境なき医師団」は貧困地域や紛争地域に医療スタッフを送っている。

第3章　社会的革新
―― グローバリゼーションに対する受容力

共感，もしくは，社会的紐帯[1)]

グローバリゼーションには，もっと多くの社会的紐帯が必要です。

希望に満ちたポーランドの変革が，いまや外国人，同性愛者，リベラル派を攻撃する超保守派の支配に変わってしまった，という *The Economist* の特集記事[*]に，私はとても驚き，落胆しました。改革派の何が間違っていたのでしょうか？

NHK衛星放送で，ドキュメンタリー映画に対する関心がインドでは高まっている，と紹介していました。若者たちが東京に集まってドキュメンタリーの撮影に取り組みました。かつて日本でも，水俣病の存在を社会が知り，その解決に向けて政治家や裁判所が真剣な行動を起こすに至るまで，写真集やドキュメンタリー報道が重要な役割を果たしました。インドの現実がもたらす衝撃は，同時に，私たちが世界を知るためにも重要です。

ブラジル・アマゾン地域では，500以上のチームが参加するサッカー大会が行われるそうです。誰でもチームを作って登録すれば参加できますが，一人の代表クィーンを見つけなければなりません。独特なルールにより，クィーンが美人コンテストに勝ち残ったチームもリーグ戦の勝者と対戦する機会を得ます。この大会は，階層や貧富，地域，性別を超えて，広く社会参加を促し，サッカー熱でブラジルを一つにする祭典なのです。

野球やホッケー，アメフトや相撲より，すべての階層や地域から参加できる

---

[*] "Cheer up: A Survey of Poland," *The Economist*, May 13, 2006. ポーランドの自主管理労組《連帯》は，1980年代のソ連東欧圏における民主化運動を代表し，平和的な体制転換に貢献した。

サッカーや自転車レースが良いでしょう。東京からロンドンまで走る（それとも，アラスカからマゼラン海峡や，喜望峰からアムステルダムまで走る）自転車チームの長距離レースなんて，奇想天外で，楽しい話だと思いませんか？ その間，紛争地域は停戦を実現し，犯罪や疫病を完全に除去するため，ルートを国際社会が共同管理します。

ダンスと詩 [2]

NHK・BS2「世界は歌う。世界は踊る」のアイリッシュ・ダンスを観ました。アイルランドの厳しい自然や政治的迫害が，彼らに音楽とダンスを与えたようです。

特に面白いと思ったのは，ハウス・ケリー，という伝統です。たとえばダブリンのマクガウワン家は，多い時には100人以上も集まって，普通の家の中でダンスをするのです。ダンスをするために，家具を屋外に運び出し，ドアも外して，演奏家のためのイスを並べ，わずかな板の間で次々と参加者たちが独特のダンスを夜明けまで披露します。「ダンスと，詩の朗読」などが，彼らの長い夜を豊かにしていた，と夫人は子供の頃を思い出します。

アイリッシュ・ダンスは，ケルト人の無文字文化を歌や踊りとして伝承したものです。12世紀にイギリスによって支配され，14世紀にはダンスが禁止されたにもかかわらず，むしろ彼らはますます自分たちの歴史的伝統に誇りを見出しました。アイルランド最西端の島，イニッシュ島で結成されたダンス・チームは，その緊張感と美しさで世界に強くアピールします。

狭い空間に集まって，大勢で激しく踊るために，ほとんど手を振らない独特のダンス。薄い皮のようにしか表土のない岩盤の島で，岩を削って畑を作り，その岩でできた床を靴底で叩いて歌い，踊った，という激しいエネルギー。彼らは何かを語るよりも，小さなフロアに集まってダンスに参加し，お酒を飲んで，集団としての高い自意識を育てたのです。

ケルトの無文字文化。岩盤と強烈な寒風。長く暗い冬。もし彼らのダンスが世界を感動させるとしたら，それは世界がアイルランドのような厳しい環境を

生き延びる魂の叫びに共鳴したからでしょう。世界文化は，アイルランドの最西端の島に，一つの故郷を見たわけです。

そもそも政治は，たぶん祭事（まつりごと）であり，歌や踊りの中で共通の感覚を育てる習慣であったと思います。それらが虚礼と化して，このような原始的共感を失えば，人々は個室でTVを観ながら，独り言をつぶやく生活に慣れるしかありません。アイリッシュ・ダンスの激しさに心を打たれるとしたら，その源はグローバリゼーションに直面する私たちの望郷の念にあるのです。

開かれた社会[3]

日本の社会が大きく変わるとしたら，「日本人」という《社会的な心性》の変化が必要かもしれません。他の先進工業国にあって，日本にほとんどないもの。そして日本的な心性を大きく変容させるような衝撃力を持つものとは，開放型の性的欲求・充足と，移民の活発な流出入・定住化ではないでしょうか。

……雑誌やビデオ，ゲーム・ソフト，携帯電話，インターネットによるセックス・ビジネスの蔓延と性の商業的濫用。……非合法移民の斡旋業者や犯罪組織による移民ネットワークの社会的浸透。そして，若者や労働者が減少し，衰退し切った町工場や学校に外国人労働者・学生を誘致したことが，突如，臨界点を超えます。

かつて，「日本人」が賞賛されたような，家族への信頼や子供たちの笑顔，若者の向学心，労働者の勤労精神などが，着実に根底から蝕まれています。過去の閉鎖型社会を懐かしみ，大げさな規律を賛美して，家庭・学校・国家による調教を吹聴する保守的な思想家たちが，社会の活力を再生するために何の足しにもならないと分かって，政府は教育制度の最重要目標を小学校低学年から性と異文化に対する理解や受容性を高めることに向けます。

たとえば，北欧やオランダのような開放型の性と，イギリスやアメリカのような移民の居住を前提とする社会システムが日本にも形成されれば，私たちの「心」も変わるでしょう。その後も，天皇制や日本企業の集団主義，ヤクザの暗躍，日本語の曖昧さや温もり，などは残りますが，日本的な「心性」が社

会・政治システムを拘束する要因ではなくなります。何よりも，社会を動かすエンジンが，自分の欲求や意見を率直かつオープンに表現する，すなわち，合目的的に，できるだけ多くの人に訴えれば，支持者がもっと素直に反応する，そんな仕組みに変わります。

　それでも「日本人」は『源氏物語』や『方丈記』を好み，夏目漱石や芥川龍之介，あるいは山本周五郎や藤沢周平などを読んで，彼らに続く新しい文学者を生むでしょう。日本的な「心性」がグローバリゼーションの中で生きる人々の楽しみや死生観を彩ります。それは，南米やアフリカにおいてであり，最も日本的な「心」を持つ者が東欧の農民であったり，アジアの小さな露天で働く少年であったりするのです。逆に日本の政治家や企業は，日本人が狭隘な「心性」に固執することの不利益と，他国の硬直的「心性」との摩擦について，不安や怖れを抱くでしょう。

　こうした未来の社会では，多くの問題の本質が変わらないまま，すでに「日本」が消滅しています。なぜなら私たちはもっと快活にセックスし，子育てや教育についてのさまざまな社会モデルを積極的に実行しているからです。互いの心に響くニュアンスの違いを認めつつ，私たちはすでにさまざまな肌の色が混じり合った，多言語を操るコミュニティーを各地に形成して，日本人とアメリカ人の違いや，多神教と一神教の違いなどは，世俗的な日常表現や文化の陰影として柔軟に消化してしまいます。

　自由なセックスであれ，自由な地域的・国際的移住であれ，ある《鍵》によって境界や扉が開放され，私たちは社会モデルをもっと柔軟にできます。

　本当に望むものを一人ひとりが実現する世界に向けた現実の変化と，対立や紛争を解決する社会的知恵が，その鍵となるでしょう。

　多くのユートピア物語[*]では，子供を社会が養育し，学校は楽しく，すべての人が住居や衣食に困ることなどありません。そして互いの言葉を容易に理解し，窮屈な家族制度や工場は廃止されています。若者は誰もが友人や恋人を求めて世界の街を渡り歩き，その際，優れた労働は尊敬を集め，純粋な楽しみとなり

---

[*]　トマス・モアの『ユートピア』（岩波文庫）に代表される，架空の国における社会モデルを具体的に想像した物語。

ます。その成果は公共のものとなるのです。

政治的に分割された世界[4]

　政治的に分割された世界を、「最適通貨圏*」だけでなく、「最適政策圏（政治ブロック）」という視点から、考えることができます。そして言語は、貨幣や市場以上に、人々の想像力を支配し、社会的な統合を担う媒体です。

　「いつも、問題を起こすのは大陸で、それを解決するのは英語を話す人々"English-speaking people"だった」と、かつてマーガレット・サッチャーは咆哮しました[5]。私は、日本がほかにも日本語を話す国と互いに比較し合い、競争して、社会モデルを革新できれば良かったのに、と思いました。

　逆に、いつも問題なのはアメリカで、その「解決」を押しつけられ、コストを支払うのは世界だ、というグローバリゼーションへの不満があります。それは、ヨーロッパでも中東でも、東アジア、南アジア、ラテン・アメリカでも、安全保障と貿易・金融の地域的な協力・監視制度を摸索する原動力となっています。

　しかし、彼らの間で問題が起きて、暴力的な衝突が広がれば、私たちはアメリカに仲裁を求めます。軍事介入と占領地に広がる声は、「ヤンキー・ゴー・ホーム！」。……「でも、私を連れてって！」。……世界は今も、アメリカ以外に、国境を越える権力を見出せないのです。

　「危機になる前に、なぜ通貨を切り下げなかったのか？」。しかし、切り下げを受け入れた多くの政治家が政権を追われ、独裁者は失脚し、投獄、処刑されたことを思えば、誰が切り下げを政策の選択肢にできるでしょうか？　変動レートに翻弄されることを拒むために、いっそ、ドルに統合してしまえ！

　地域間の制度や政策の違いによって人々が移住することを「足による投票」と呼びます。都市の中心部に貧しい有色人種やホームレスが増え、裕福な白人が郊外に転出することを「白人の逃避"white flight"」と言います。経済学者は「市場の規律」を重視し、グローバル・スタンダードを強制する「資本逃避

＊　固定レート制（そして単一通貨）を採用するのが適当な地域。ロバート・A.マンデルが提唱した。

"capital flight"」の自由を擁護します。

　小国の政府や国民は，自分たちの言語や文化がこの世界で支配的になれないことを自覚しています。それゆえ彼らは，生き残るために国境を閉ざすのではなく，常に多言語を操り，多文化を許容します。そして彼らは，成長のダイナミズムと社会的な安定化とを意識して制度を設計し，その言語や教育，文化の改善（もしくはグローバル化）に投資します。

　ダム，高速道路，大運河……中国が農村部で大規模な公共事業を行い，都市における出稼ぎ農民の雇用を増やすために成長率を維持したい，と願うことは理解できます。国営企業改革や不良債権処理を行うためにも，輸出向けの外国企業を誘致し，人民元を安くする政策が必要だ，と思うでしょう。その結果として，世界経済も日本の社会も，根底から変化します。

　あるいは中国が，貧しい農民の国と，赤字を累積する国営企業の国，不良債権を抱えた銀行の国，外国企業と組んで活発に輸出向けの投資や雇用を拡大する国，などに分かれた世界を想像します。それらの諸国が，香港や台湾，シンガポール（そして世界中の華僑）も含めて，中国語圏という政治ブロックを形成します。貧しい農民の国は入植地を海外に求め，他方，国営企業のために市場を保護する国と，財政赤字や企業の債務を支え続けて，突然，予想もしないような形で通貨危機やインフレを爆発させ，社会・政治混乱に陥る国が，通貨政策や貿易問題で対立します。最悪の場合，アジア地域は戦争状態になります。中東やラテン・アメリカのように，将来はアジアがアメリカに介入や救済を求めます。

　日本語の政治ブロックを再生するために，日本の一部を独立させてはどうでしょうか？　社会や政治の制度が異なる，日本語を使う国家がもう一つあれば，互いに社会的革新を行う点で刺激となるでしょう。私たちは，好ましいと思う国へ移住できます。あるいは，日本のいくつかの市町村で，率先して，日本語を使う外国人の居住率を高め，政治的発言権を強化し，各種の社会団体の代表にも一定割合以上を彼らに参加してもらうよう，奨励してはどうでしょうか？

　かつて日本が貧しい小国であった頃，安全保障も貿易も，国際的な枠組みなしには考えられなかったでしょう。そうした感覚を持たなくなった日本の若者たちが，世界の小国で，住民と同じ生活を体験するために合宿してはどうでしょうか？

なぜ学ぶのか？[6]

　私たちは，なぜ学ぶのか？　なぜ働くのでしょうか？

　官僚であれ，大企業であれ，学歴であれ，自分も権力システムのアウトサイダーからインサイダーになることが，日本人の隠れた本当の動機でした。「なぜ？」という問いは消え，子供たちの笑顔も消えてしまいます。

　いやな勉強でも我慢してやるし，いやな仕事でも黙って続ける。なぜなら，誰にも家族がいる。もし自分が勝手に仕事をやめたら，家族は苦しむに違いない。……もし日本でも活発な社会的革新が可能であるとしたら，婚姻や子供のあり方も変わってくるはずです。

　多分，もし転職や転居がもっと容易なら，社会は個人のレベルで革新をもっと実現できるでしょう。アメリカでも，中国でも，自分から仕事をやめるのは「正当に評価されていない」と感じるからです。もっと自分にふさわしい仕事，ふさわしい報酬が得られるはずだ，と。日本では，いったん就職すれば転職は非常に難しく，失業すれば社会的な偏見と，大幅な所得の減少，社会的地位の低下を受け入れるしかありません。

　たとえば，人々は子供の時から日本語と英語を話します。移民を歓迎し，移民として暮らし，転職が活発で，結婚にもしばられません。社会資本は充実し，所得分配は平等です。子供たちは幼い頃から，何より自立心を養うべきだ，と教えられます。北海道と沖縄が完全に独立し，同時に，アジア通貨制度が成立して，企業や銀行，市民がアジア市場の統合化を加速します。

　社会的移動性に富んだ，平等な社会に住みたい，と私は思います。なぜ学ぶのか？　なぜ働くのか？　その答えに悩む必要がないところ。

グローバル社会の日本モデル[7]

　日本でも，グローバリゼーションに負けない，開かれた，調和ある社会を建設するために，必要な制度を作ってください。グローバリゼーションに生きる日本の未来には，こんな制度があるかもしれない？

(1) 社会的な統合と柔軟な合意形成を目指すため，グローバリゼーションのもたらす所得格差を最小化します。
(2) 社会参加と最低生活の保障を，「働かない」「怠け者」「詐欺的受給者」「制度への寄生」「汚職」などと切り離します。
(3) 司法・検察制度を重視します。腐敗や汚職，権力者との癒着を排除する，高い職業倫理と市民感覚を育てます。
(4) 社会の資源配分には市場メカニズムを積極的に利用します。ただし，労働市場と土地・住宅市場を適正化します。土地は地方政府が所有し，もっと安くします。
(5) 市民社会の自発的な参加制度，ボランティア活動やコミュニティーの形成を奨励し，下町の人情を回復します。
(6) 自由な思想・文化を尊重します。世界中の優れた知識人や芸術家が，日本に住むことを誇りにします。
(7) 社会的規範が人々を動かすように，極端な金融的利益を規制します。
(8) メディアや教育に社会的責任を求めます。商業主義や原理主義を排し，熱狂を容認しない姿勢が必要です。
(9) 小さな，分散型の政府と，自立した市民の社会契約が，人々の集団的善意と満足をもたらします。

公共財[*]をあつかう仕組みは一つではありません。各地に成立する社会モデルの間を人々が自由に移住し，互いに学び合うことで発展します。

2007年。日本から，グローバル社会の新しいモデルを世界に示してほしいです。

地震の国に生きる[8)]

日本には十分な天然資源がなく，他方，台風や地震のような自然災害は繰り

---

[*] 他者の利用を妨げずに共同で消費し，有料化してもタダで利用する者を排除しにくい財。警察や軍隊，学校，法律，など。医療，年金，運輸・通信，エネルギー，技術・知識・情報も含める場合がある。

返し襲ってきます。なぜ人々は地震や火山，台風の襲う土地を捨てないのか？「石油の呪い」[9]は多くの社会を破壊しましたが，制度によって克服できます。洪水の危険をよく知っているオランダ国民（そしてティンバーゲン*）が優れた長期計画への合意形成と政策転換能力を築き，また，グローバリゼーションの嵐の中で，しばしば北欧の有能な小国（スウェーデンやフィンランド）が繁栄しているように，日本人も自然災害に負けない互助的社会を築くべきだと思います。

　台風が示すのは，町を湖に変えてしまう河川の氾濫，激しい波に破壊された堤防や海辺の家屋，風雨に翻弄される船舶，増水して畑や地表を持ち去る濁流，そして人家も呑み込む土砂崩れでした。激しい地震の後には，道路をえぐる深い亀裂が走り，巨人が怪力で削り取ったような崖や山が残りました。大木が折れ，根こそぎに倒されて，新幹線は脱線し，鉄道や高速道路が破壊されます。まさに地底からゴジラが現れたような惨状です。日本人の想像力を支配するのは，9.11よりこうした自然の猛威です。

　災害に遭えば，人々は助け合い，混乱の中にも規律を作ろうとします。救助や支援物資の順番について，争いはあまり見られません。災害に遭った人々は同じように弱い人間として，苦しみを共有し，助け合います。それは社会によって違います。成長のひずみにもかかわらず，タイでは深刻な社会対立が起こりにくい。しかし，ニューヨークやロサンゼルスで停電すれば，略奪や暴行に対する恐怖が広がります。

　戦争や自然災害に直面すると，人々の中には深い悲しみだけでなく，むしろ高揚感を示す場面が多くあると読みます。それは神（あるいは自然の怪獣）が私たちに与えた破壊や試練に対して，その社会の強さを発揮する時だからです。

　戦争がそうであるように，災害も「政治の継続」です。ただし，指導者が決断する戦争政治と違って，助け合うことで秩序を守る天災型政治は，日本の政治に独特な質を与えたと思います。

＊　ヤン・ティンバーゲン。オランダの経済学者。1969年，第1回ノーベル経済学賞を受賞した。

ロボットと下町で暮らす[10]

　リヤカーで下町をゆっくり歩きながら，ラッパを鳴らす豆腐の行商を，テレビで観ました。足が不自由な老人は，集合住宅の3階から呼び止めます。そして，いつもはヘルパーさんに買い物を頼んでいるけれど，久しぶりに自分で買い物ができた，と喜びます。

　世帯・家計・家庭が変化することは，人口変化以上に，重要な社会・政治的意味を持っています。社会とは単一栽培の作物ではなく，さまざまな多様性とコミュニケーションによって成立し，個体を超えた集合的な「生命体」です。貧富や人種，戦争によって社会が分断され，人々が隔離されてしまう危険について，世界のメディアが注目しています。そして，幸いなことに，日本にはこの弊害が現れていない？

　しかし，昼の住宅地を歩けば，ここはゴーストタウンだ，と実感します。自動車によって町が再編され，テレビによって団欒が失われただけでなく，職場と住宅が分離され，子育てや老後も隔離されました。この化石か墓標のような町に，社会とのつながりを確認できるものは，時折響く電話のベルと，ドアホンを鳴らして応答する宅配便の声だけです。

　田舎でも核家族が増え，パソコンが普及し，子供の数は減っていると思います。女性の社会進出や平等な雇用機会は実現しないまま，パートの雇用が増えました。高齢化と介護ビジネスは，スーパーやコンビニ，宅配，外食産業など，さまざまな流通・消費ビジネスとともに，フリーターと主婦のアルバイトに頼っています。それは巨大なビジネス・チャンスかもしれませんが，所得格差を拡大します。

　建設業やサービス業は，欧米諸国がもっぱら移民労働者を受け入れた分野です。日本でも，法規制が緩和されるか，非合法な分野の拡大で，急速に移民の流入が増えるでしょう。移民排斥や教育問題が叫ばれて，コミュニティーの保守化，人種差別が広まった結果，欧米の社会・政治システムは転換しました。日本でも，私立学校の差別化や一貫教育，学校間競争の自由化，教員の採用・任期制，教科書採用など，教育をめぐる対立から，住民の居住区が分割・変更

され，あるいは裕福な住民が流出します。

　この社会において前向きに生きること，すなわち，楽しみを共有し，苦しみを耐えて助け合う力を，私は「社会的な受容力」と呼びます。どのような制度や組織，人々の心性を高めれば，社会の受容力は高まるのか？　ゴーストタウンとなった老人たちの住む町や，塾通いとゲームに明け暮れる子供たちを見る限り，この社会がグローバリゼーションに見合った受容力を養っているとは思えません。

　アムトラック*が走るカリフォルニアの小さな街を紹介する番組では，コミュニティーを愛するボランティアの人たちや，日曜日のファーマーズ・マーケットが紹介されていました。アメリカに住む人々は，家から出て集団的な力に触れるため，コミュニティー活動やさまざまなボランティア，教会などの慈善活動を組織します。もちろん，そこでも主役は子供たちです。

　日本に住む私たちは，どうでしょうか？

　ロボ・カップ2005を観て，ヒューマノイド型のロボットが示す素晴らしいパフォーマンスを楽しみました。サッカーをするロボットたちの連携プレーも見事です。ロボットの方がより人間らしい，と思える時代が来るのでしょうか？

　政府は，光ファイバーを整備するより，化石や墓標のような建物でできた町を，柔らかな日差しを浴びながら温かい会話を交わせる，草原のベンチのようにしてください。あるいは，下町で豆腐屋のラッパの音に集まってくる者が，もはや老人や子供たちではなく，ロボットだけという社会になるのです。

リベラルな批判派・その1 [11]

　新聞やテレビで，北朝鮮への帰国運動により日本を離れた在日朝鮮人と日本人妻の軌跡が紹介されていました。他の番組では，将来の国づくりに希望を託して投票所に集まるイラクの人々が映っていました。多くの人々にとって，幸せな生活を実現する条件が失われた時，それに抗って生きることは難しく，多

＊　Amtrak 全米鉄道旅客輸送公社。政府助成金で，列車の運行を民間委託している。

分，まったく不可能なことでしょう。

　NAFTAは幻想だった，そして，「ネオ・リベラリズム*」はイデオロギーにすぎない，と批判されます。もしNAFTAが成功していたら，メキシコはアメリカに似ていたはずです。アメリカのように豊かになれる，と考えることは間違っていたのでしょうか？　なぜ東欧諸国はEUに加盟し，中国はWTOに加盟し，成長するために改革したのに，メキシコはできないのか？　GMもシティバンクもウォルマートも，なぜメキシコでは貧困や搾取を意味し，アメリカでは最強国の経済発展を担うのか？　保護政策だけで，メキシコも韓国のように工業化できるのか？　何が経済発展を妨げるのか？

　多国籍企業を批判し，権力の濫用を批判することは重要です。しかし，もし貧困や失業を減らし，不平等の対策として有効な政策が取られたら，GMであれシティバンクであれ，メキシコ政府と協力できたのではないだろうか？　メキシコの農業を改善し，また，インフラや教育，政治システムを改善すれば，NAFTAの「理想」を実現できたかもしれません。

　リベラリズムの理想と，権力への批判や地域の自律性を重視した多様な社会的価値を，ともに実現する社会は可能だと思います。

　実現可能なものは，具体的な試みとして，すでにどこかにあるはずです。歴史や世界を見渡せばさまざまな社会モデルが模索され，試みられてきました。現在も，世界中で模索は続いています。フェアトレード（公正貿易）**が何になるか，まだ分かりません。中間搾取を排して，直接生産者により大きな分配，安定した収入をもたらす仕組みが，たとえ世界貿易の1％でも存在してほしいと思います。緊急援助として始まった国際的な支援組織が，援助漬けの問題を意識し，地域の自立支援や開発協力に移行してきた，というのは説得的です。

　グローバリゼーションを制御し，改善できます。それは間違った政策判断や望ましくない社会的帰結に反対する人々の側から，政治的な介入と新しい制度化を求める声に応える試みです。優れた社会においては，さまざまな弱者も幸

---

*　サッチャーやレーガンが1980年代に進めた政策思想の転換を指す言葉。社会民主主義や福祉国家を解体し，「小さな政府」，規制緩和，民営化，などを主張した。
**　公正貿易論。貧しい諸国のコーヒーやココアなど，主に商品作物を，「公正な」価格で豊かな国の消費者が購入することで，貧困や社会問題を解決できるという主張。

せに暮らすことができるでしょう。

リベラルな批判派・その2 [12]

　NHK・BS世界のドキュメントで,「ハーヴァード大学・学生たちの闘い：労働者との連帯」を観ました。50人の学生が学長室を占拠し,大学で働く労働者たちの賃金を引き上げるように求めました。彼らは妨害や障害を克服し,戦略を考えて,ついに21日間占拠を続けて（29人にまで減りますが）,大学に多くの要求を受け入れさせます。

　それは2001年に起きた事件です。一方で,労働組合は禁止され,抗議やストを行えば直ちに解雇や国外退去の危険がある。そのような状況で,労働条件が急速に悪化し,不安定になりました。反グローバリゼーション運動に関わっていた学生たちが,自分の周りにいる労働者たちも劣悪な条件で使役されていることを知ります。グローバリゼーションに抗議するなら,このことにも黙っていられないと感じました。「生活賃金闘争」はこうして始まったのです。

　学生たちの多くは,まじめに学び,社会的な地位や職場を得たいと願っています。それゆえ大学側が占拠学生に説得や圧力を加えると,参加する学生が減りました。運動を組織した中心的な学生たちは,マスメディアに働きかけ,大学の社会的な評価を損なう事態（労働者の実態,学生による抗議とそれに対する不誠実な回答）について報道してほしい,と考えます。しかし,学長室の占拠当日に地元のメディアが取り上げた程度で,その後は無視されました。

　ハーバードの運営理事会に名を連ねている者の多くは大企業の経営者でした。すなわち,世界中で低賃金の労働者を使役し,アメリカ国内においても労働条件の改善に抵抗している人々です。ようやく学長が現れて,話は聞くが回答はすでにこれまで十分に検討し,示された通りだ,と言います。強制的な排除もできるが,自分はそれを望まない。要求を受け取るから,占拠を解いてほしい,と。

　時間が長引けば関心も薄れ,脱落する者が増えて解散するしかなくなる,と指導的な学生たちは心配し,集まって相談します。抗議行動の戦略を変えるべきではないか。ここにいる学長の秘書たちに圧力を強めて,仕事をストップさ

せてはどうか？　あるいは，キャンパスの外で大きな騒ぎを起こせば，マスメディアも無視できなくなるだろう，など。しかし，話し合った末に彼らが選択したのは，自分たちを支持する他の学生たちに呼びかけて，中庭にテント村を作ることでした。

　寝袋やテントを持って，学生たちは集まります。町にも出て呼びかけ，来てくれた大人たちに大学労働者たちの劣悪な待遇，ここ数年の賃金引き下げを説明する一方，子供たちを集めて唄を歌い，ゲームをします。解雇の不安にもかかわらず，何人かの労働者たちは集会に参加して実情を訴え始めます。大学外から弁護士が学生側の交渉役を買って出たり，牧師が集会で励ましの言葉を述べたりします。教授たちからは理事会に公開質問状が出ます。学生の集会に参加したケネディー上院議員は，「権力は動かせる」と，彼らの行動を賞賛します。

　1000人以上の学生が中庭に集まって，テントを建てました。目に見える形で大学に抗議し，占拠学生たちを励ましたのです。全国ニュースがこれを取り上げ，アメリカ中に映像が流されます。その結果，学長は辞任を申し出て，学生たちが要求した「生活賃金」として25セントの引き上げを認めます。また，労働組合を認め，組合に参加しない者にも同じ賃金を約束します。学生たちは，こうした成果がHPに公開されたことを確認し，占拠を解きました。ある女性労働者が語っています。「社会的連帯を感じることは本当に素晴らしい」。

　学生たちの闘争は成功しました。しかし，北オセチアの学校占拠事件では[*]，要求を実現できず，300人以上の死者を出しました。何が違うのでしょうか？　集団的な要求を社会がどのように吸収するか？　民主主義とテロリズムの違いは？

土地の思想，権力の意匠 [13)] [14)]

　土地の思想，というものがあると思います。気候を表す言葉や伝統的な作物，風俗や習慣，その土地の人間性，特別に深められた音楽や文学のように，その

---

[*]　2004年9月1～3日。北オセチア共和国のベスラン市で，チェチェン独立派などのグループが中学校を占拠。その後，治安部隊により制圧されたが，子供150人以上を含む多数の死者を出す。

土地に関わって意味があるような人工的環境を，文化，というより，土地の思想，と呼んではどうでしょうか。

　ヨーロッパとアメリカ，イギリスと大陸，北欧と南欧，西欧と東欧，アメリカ西海岸と東海岸，中国，台湾，香港，シンガポールで，生産や消費のあり方は大きく異なります。比較優位は貿易によってそれを生かします。しかし，企業の文化や生産システムが依拠する「土地の思想」は，私たちの生活圏とグローバリゼーションとの関係を制約するでしょう。

　反日感情は，日本と中国との市場統合に影響するでしょう。日本人か，と聞かれ，そうだ，と言うだけで殴られる[15]。日本人学生たちの寸劇に，これほど激しい抗議を行った中国人たちの不満が何であったのか，日本の政府やメディアはもっと調査し，両国民に伝えてほしいです。

　中国企業との商売は急速に話しやすくなった，と聞きます。アメリカ企業が供給基地として中国に大量進出し，注文通りに部品が来ないと争う姿勢を示したからかもしれません。中国においても，「強欲」は素晴らしい……？　韓国はどうか？　調査に訪れたソウルで，一つ裏通りに入るだけで発展途上国のようなデコボコの泥道が残っていることに驚きました。アメリカ軍を撤退させ，日本政府との紛争も辞さず，北朝鮮と友好関係を重視することで，彼らの「民族」の悲願が達成されるのでしょうか？

　ヨーロッパはもはや崩壊寸前？　ベルリンの壁が崩壊してから，ドイツはヨーロッパの首都としてベルリンに歴史的な公共投資を行いました。しかし，誰がそのコストを支払うのか？　結局，ヨーロッパ企業となったドイツ企業は，ベルリンに特別な関心を持ちませんでした。ドイツ経済はかつての成長のエンジンを失いました。貧しい都市下層民と犯罪者が高価な外車を襲う……そんな話から，私はかつてモスクワのホテルに泊まった時のことを思い出しました。大きなマシンガンを抱えて，玄関やロビーを見下ろす屈強なガードマンたちと，最上階のカジノに案内するエレベーターの前には，半透明のネグリジェ（？）を着た美しいホステスたち。

　インターネットが人々を結びつけ，昔からの何かがなくなっても，いちいち嘆く時間はありません。急激な変化には従うしかない？　しかし今は，その破

壊力ばかりが目立ちます。

　秋篠宮紀子様が帝王切開で男子を出産されたというニュースが，瞬く間に吹き荒れて，消え去りました。女性天皇が誕生する可能性はほとんどなくなり，皇室論議にフタがされたようです。皇室評論家や皇室の思い出アルバムがすべてのテレビ画面を満たし，この日だけは「万世一系」とか「女性は男子を産むために存在する」とかいう偏見を流布して恥じません。他方，同じ日に生まれた多くの赤ん坊が，男子であれ女子であれ，それぞれに大きな意味や夢をもたらしたでしょう。

　私は，ふと，想うのです。チベットの聖者は，どこの誰とも知れず，次のダライ・ラマとして聖別される……というではありませんか。日本も皇室などやめて，多くの赤ん坊の中から，誰が国民の象徴を継承するか，日本的な自然の意匠に任せて決めてはどうでしょう？　たとえば，諏訪湖が凍結して湖面に亀裂が走るような意匠により，新生児の中から次の天皇を決めるなら，人々は日本の自然を守り，その美しい姿を中継するはずです。

運動会を輸出する[16]

　土曜日は子供が通う小学校の運動会でした。台風が接近するあいにくの天気でしたが，早朝からお弁当を味見したり，ビデオのバッテリーやテープを点検したり，……Yahooの天気予報は午後3時から雨です。シートやパイプ・チェアなどが入った重たい袋を下げて，私は最後に出発しました。すでに小さな雨粒が落ちてくる空を睨んで，ともかくも荷物と格闘しつつ，小学校へと向かいます。

　子供というのは，なぜあんなに真剣に運動会に参加するのでしょうか？　子供たちが懸命に走ったり，踊ったり，応援合戦をする様子は楽しく，自分も子供に戻りたいです。雨を避けて，弁当を広げる場所の確保や，子供たちをビデオに映そうと駆け回り，携帯電話で情報交換し続ける親たちの狂騒もまた，運動会です。

　私の空想はいつものように散歩し始め，アジア運動会支援ファンド，という

NGO を考えました。アジアの貧しい内陸部や農村で，村の運動会を支援してはどうでしょうか？　子供は未来への希望であり，新しい社会を生む投資です。親たちが生活の改善や社会的平穏と公平性を願い，公共の精神を高める上で，運動会を組織し皆で楽しむことは大いに役立つでしょう。そして彼らを支援できることで，私達もきっと違った視点からグローバリゼーションを考えます。

　夏休みの最後に，ゴードン・チャンの『やがて中国の崩壊が始まる』（栗原百代・渡会圭子・服部清美訳，草思社，2001年）と，何清漣の『中国現代化の落とし穴』（坂井臣之助・中川友訳，草思社，2002年）を読みました。私自身は，中国の経済成長が幻や詐欺であるとは思いません。しかし，急激な社会変化や富の増大と分配・対立が，深刻な社会的分断と政治的混乱をダムのように蓄積し，制度に亀裂が走っているという警告には真実が含まれています。

　……労働者は家畜のような扱いを受け，朝の4時から夜8時まで，16時間も働かされる。食事はすえたカビご飯，一人当たり居住空間は1平方メートルにも満たない。何か言うと監督や見張りの男が鉄拳を振るい，腕を折られても治療してもらえない……。

　……農村社会の中間組織が空白状態になった中で，血縁関係にしばられ，また，それを利用することが増えた農民は，これまで行政の指導に寄せてきた信頼を，同族，同姓の有力者や宗教組織に移すようになった。……近隣との所有権争いから発展した宗族間の械闘（武器を使った集団乱闘）は，組織立っており，規模が大きく，戦闘は激烈である……。

　……地方幹部とマフィアとが結託し，土地や利権を農民から奪い，勝手に私物化した。法を無視し，コネや親族で地方政府そのものを占拠してしまう。……都市ではテロ行為が頻発し，国有企業の資産は略奪され，犯罪発生率が急上昇している。社会から阻害された最下層は凶悪犯罪に走り，エリートたちは子弟を海外に留学させ，資本逃避に励む……。

　イラクであれ，ラテン・アメリカであれ，中国であれ，叛乱と義賊，革命の時代は終わらない，と思いました。社会や心が崩壊した時，それを再建する契機は何でしょうか？

第4章　グローバリゼーションと国際秩序
―― 戦争と平和

戦争記念博物館[1]

　中東地域やラテン・アメリカ，アジアにも広がる安全保障や金融市場の不安に対して，欧米の主要国は積極的な対応を取れないようです．むしろ，アメリカもEUも日本も，しだいに，自分たちの利益と，国際秩序・協調体制の目的とが矛盾してくることを心配しています．

　成長や投資，貿易による相互利益の拡大が失われた時，協調関係を維持するのは，社会的なコスト分担への合意であり，それが暗黙に受け入れた《共生の意識》ではないでしょうか？　世界社会のイメージが「血のつながり」よりもはるかに弱い空想的関係でしかないことを思えば，グローバリゼーションの秩序ある後退を合意することの方が，それを擁護するよりも，現実的かもしれません．

　他方，軍事的衝突や過度の民族意識を抑制するためには，政治的な権力を分散し，正気の批判精神を個々人が尊重することが望ましいでしょう．社会をつなぐ安全保障体制の実質的中身を，市民はよく理解しなければなりません．そして，市民による平和を妨げるような，巨大な破壊システムや防衛網に頼らない社会の方が，協調してコストを分担することに人々の関心は集中するでしょう．

　EUや国連の平和維持軍は，軍事力を世界的にプールして，秩序維持のために利用できる共通のシステムを目指したのではないか，と思いました．

　アジア各国の通貨に，共通した，一定の調整メカニズムを導入し，互いの交

渉で金融部門の改革と自由化による成長促進を支援する計画が日本政府によって進められたら，次のアジア通貨危機を防げるかもしれません。しかし日本がアジアの共生を唱えても，それを実現するために必要となる安全保障体制に関して，合意と信頼を築く対話がありません。

アジア各地に，すべての戦闘行為を記録する《戦争記念博物館》を共同で創ってはどうでしょうか。中国や欧米，そして日本による植民地化，冷戦時代の紛争，それらすべての戦争と流血を忘れないために。

死者を記憶する[2]

The Economist（May 12, 2001）を開いて目に留まった写真がありました。マクベイ（McVeigh）による爆弾テロの犠牲者たちを記念して造られた公園で，168人の死者たちの数だけ並ぶ椅子状のオブジェの一つに腕を回し，遠くの友人に話しかけるような少年の姿でした。ほかのものより小さいこのオブジェは，彼が忘れられない友人の姿でした。

敵兵をも助けたナイチンゲールに感謝したクリミア戦争の傷病兵たちは，修道女が油をまいて，教会に避難した多くのルワンダ住民を焼き殺したことを聞けば驚愕するでしょう。[3]国際法廷がミロシェビッチを何年もかけて裁く間にも，犠牲者たちの村は内戦で焼かれ，生き残った者も失われた家屋と農地の間をさまよいます。

アジアの不戦体制を日本は指導できるでしょうか？　子供たちの死を想う時，私たちはこの荒廃した社会に帰属する責めを負っていると感じます。どうすれば健全な秩序や自由を互いに尊重し，その敗者も含めて，今が豊かな再生の過程にあると信じられるでしょうか？

死者は何一つ生者から奪いません。しかし，戦争による死者は真実と正義を求めて止むことがないのです。彼らを想い，共通の歴史を想うなら，私たちもまた社会を問う死者の声を聞くことです。靖国神社参拝と日中友好は矛盾しない，と弁解するより，たとえば，アジア各地に緑の美しい《戦争記念公園》を寄贈し，戦争の死者の数だけオブジェが並ぶ，静かな散歩道を造ってほしいで

す。そして日本から小学生たちが毎年訪れ，アジア各地の戦没者に献花すれば，少しは死者も安らぐのではないでしょうか。

戦争と説得[4]

　政治の論理は，まず，敵と味方を区別するように求めます。

　国際関係を決定するF・B・Iについて，私は考えたことがあります。Fは恐怖を意味し，戦争や暴力，国際犯罪，それらに対する法秩序の維持など，国際安全保障が関心の中心です。Bは利益を意味し，国際貿易や投資，金融取引や技術移転，企業の海外展開など，国際経済取引が中心です。Iは理念や理想（ideal），信仰を意味し，望ましい社会や文化的な価値，民族や宗教，民主主義や人権など，国際秩序を指導する思想や理念を意味します。

　グローバリゼーションは，何よりも，利益の共同体であり，市場における勝者の理念でした。その反面，恐怖に対する準備は十分でなかったようです。グローバリゼーションに最も強硬な反発を示した者が，恐怖や暴力の支配する体制，すなわち国内では独裁，国際的には帝国や衰退する覇権国家に多いのは，偶然ではないでしょう。彼らは利益の共有よりも，互いに異なった価値や理想を唱えて軍事力に訴えます。

　戦争の前には，まるで塩素を吸って生きている異星人と生存をかけて戦うかのように，説得も交渉も無駄だ，戦争以外に道はない，という主張が広まります。しかし，何人かの先駆者たちは，戦争よりも「認識共同体」を築くことで，対立は交渉と説得に変わるはずだ，と考えました。あるいは，物理的に戦うより，諜報活動や秘密工作，陰謀や暗殺，経済危機によって，国際関係を損ない，敵対政府を転覆する場合もあります。

　自由な取引と社会モデルの選択可能性を高める資本主義と民主主義が，グローバリゼーションの基礎です。その激しい構造変化に社会的な調整能力を適応させるには，言論の自由とアイデアによる経済的・社会的革新，そのための社会的な受容度が必要です。

　他方，市場競争とネットワーク社会では凡庸さが軽蔑され，極端さが愛され

ます。アメリカや日本の映像と商業写真に氾濫する猥褻・猟奇・残虐……冷血・奇矯・偏執・妄想・狂気は，協調や合意の可能性を制約します。

　アメリカが主導するのは，爆弾と一緒に人道援助物資を投下する戦争です。豊かな連合国の外交と，激しく貧しい者のイスラム原理主義とが，マスメディアの監視下で戦火を交えるグローバリゼーションの政治ショーです。経済学者が回避せよと嘆願していた世界同時不況の可能性が増大し，豊かな者を不安にします。そして政治とは，結局，敵対する異質な集団が戦争以外の方法で交わる方法ではなかったか？

9.11テロと「ブッシュの戦争」・再論 [5]

　アメリカの独立記念日に関する論説があふれ，スコットランドでG8が始まり，2012年のオリンピック開催地がロンドンに決まったことで，その幸運に感謝する論説が載った新聞を人々が読んでいる時，テロが起きました。報道されているようにこれがアルカイダの犯行であれば，彼らは再び世界経済の心臓部を直撃したわけです。テロリストたちは，今なお，9.11が終わらないことをはっきり示しました。

　2001年の9.11について私の記憶に残っているのは，バルザー（John Balzar）が描いた，星条旗を持って高速道路を走る半裸の若者です。[6]

「そのとき火炎が上がった。
世界は激情に翻弄され，アメリカもこの炎から逃れられない。
21世紀にわれわれはどこへ向かうのか？
大地が揺れていると感じただろう。
受話器から聞こえた，助けを求める声。
誰かに取りすがるほかなかっただろう。

郊外の住宅地でも，フリーウェーでも，
人々は言葉を失い，

隣人とむなしく眼を合わせた。

あの煙とジェット燃料の中で燃え尽きたのは，
あなた自身ではないか？
アメリカ国旗を振りながらパシフィック・コースト・ハイウェーの路肩を走った上半身裸の若者は，
あなたではなかったか？」

　9.11は，アメリカが「戦争モード」を起動させる理由となりました。相手はテロリストであり，宣戦布告もない「新しい戦争」，「テロとの戦争」であるとマスコミが喧伝しました。しかし私は，一つのテロ事件を一連の戦争に変えたのはブッシュ氏であり，「ブッシュの戦争」だったと思います。彼は「戦争指導者」としての優位を利用し，再選されました。

　「テロとの戦争」という表現は当初から批判されていました。それは，①「貧困との戦い」や「エイズとの闘い」，地球温暖化や人種差別との戦い，と同じような比喩であり，軍事力によって粉砕，一掃できるようなものではない。②戦時であることを理由に，社会のさまざまな関心やその他の重要な政治課題を無視し，テロと戦うために情報を統制し，国民に一方的な犠牲を求めた。③政府（支配者）による「民族紛争」「地域紛争」への軍事力行使，人権抑圧，政治弾圧を「テロ」とは呼ばず，むしろ協力する国のさまざまな強硬策を正当化した。④ヨーロッパの多角主義を軽視し，それ以前の同盟関係を損なった。誰かを「テロリスト」と呼べば，彼らの政治的主張はすべて無視され，政治的対話を拒むことが当然と見なされた。

　9.11の直後に，私は書きました。

　テロリズムですべてが変わったとは思いません。世界は多くの点で継続性を維持し，それぞれが転換を模索しています。アメリカの政権内部では権力争いが続くでしょう。グローバリズムもユニラテラリズム*も，テロリズムとともに同じ世界で生き続けます。世界同時不況や通貨危機，日本の構造改革な

ど，テロリズム以外に解決すべき問題は多く存在します。

テロリズムは戦争ではありません。たとえ死者の数が，アメリカ側から見て，湾岸戦争を大幅に上回ったとしても，ブッシュ大統領はこれを「戦争だ」と宣言すべきではなかったでしょう。

テロリストを逮捕するだけでなく，彼らを産んだ，暴力と血の報復に圧倒された地域が世界からなくなるよう協力すべきです。国際安全保障体制の整備，中東和平の進展，極端な貧富の格差解消，軍備縮小と兵器の国際管理，経済活動や市民生活の不安定性を減らすことなどが，人々の孤立した絶望をテロリズムから切り離すでしょう。アメリカや豊かな諸国だけでなく，世界中の貧困や戦乱に苦しむ地域でも，《民主主義と法の支配》をより多くの人が支持するような方策を，政治指導者たちは模索する必要があります。[7]

自由化よりも戦争を政治の中心に据えた政府は，結局，アメリカの繁栄を蕩尽していただけだと思います。国際市場において通貨価値や貿易，投資の撹乱が起きれば，ブッシュ氏の広めた西部劇により，グローバリゼーションは急速に死滅に向かうでしょう。

ブッシュのアメリカは，世界に「繁栄と保守化」という新しい戦争の種をまきました。

戦争ではない選択肢[8]

アメリカ政府は，「テロリズムに冒された集団を社会から排除し，暴力によって偏った意見を社会に押しつける行為に何の正当性も与えないような，優れた民主主義を実現することです。しかし，街のいたるところに暴力集団がはびこり，企業であれ，石油であれ，偏った富を独占する個人が賛美され，拳銃や麻薬，SEXが日常的に売買されるような社会で，もし政治的な腐敗や議会の

＊ Unilateralism 単独（行動）主義。一方主義とも言われる。国際関係（紛争）を一国だけで変更（一方的に解決）しようとする考え方。特に，イラクに対して国連決議をえずに軍事介入したアメリカを批判して用いられる。

内紛が国民生活を無視し続ければ，テロリズムと闘う《正義》も犠牲者の悲しみを利用した政治ショーに変わります」[9]。

　アフガニスタンの戦場にアメリカ人の若者を送る以外に，その他の選択肢を積極的に議論できたはずです。当時の論調は今から振り返っても説得的です。

(1) 国際調査団の派遣：アメリカは，イスラム圏の国を含む複数の国からなる調査団をアフガニスタンに派遣し，オサマ・ビン・ラディンの活動内容や関係団体に関する調査・事情聴取などを行う。イラクや北朝鮮への国際査察は，妨害や非協力に悩まされても，敵対する軍事力を削減できた。

(2) 対テロ情報収集・諜報活動の整備：テロ活動を防止し，それに関わった者を逮捕・起訴するための情報収集や諜報活動に関するルールを定め，明確な監督の下に行わせる。日本でも，諜報機関やテロ対策組織を強化する必要がある。問題は，それが何をしているのか，を明確にチェックする。

(3) 第三国への政治亡命：アフガニスタン政府は，今後の政治活動を完全に放棄することを条件に，オサマ・ビン・ラディンを中国などの第三国へ政治亡命させる。内乱状態の早期終結を求める周辺諸国の圧力によって，多くの独裁者が，アメリカなどの第三国へ亡命した。そして明確な証拠があれば，彼らを国際法廷で裁く。

(4) 新しい国際安全保障体制の合意：国家間の戦争を防ぐのではなく，国際的規模のテロ活動に関する政府間合意を形成し，恒常的な協力機関を設ける。

(5) 犠牲者への同情と生活再建・テロ容認社会への浸透と経済援助：400億ドルの特別軍事予算を，むしろ遺族基金として運営してはどうか？　ドイツが行った犠牲者のための追悼集会や，日本政府が決めた難民救済のための資金援助は，優れた対応であった。

　7.7テロは，アメリカ独立の理想やG8の使命，オリンピックに向けたロンドン貧困地区の再開発という人々の希望を打ち砕き，人々の意識をイラクやチェチェンと同じ血の海に沈めたのでしょうか？　そうではない，と私は思い

ます。優れた政治は参加を促して現実を変え，敵を味方に，憎しみを希望に変えます。主要国には，新しい政治の質が求められるのです。

ブレアの開戦演説[10]

たとえ（絶対に「悪」と言われる）戦争をめぐってでも，ブッシュやブレアの選択を，他の現実的な選択肢と比較して評価する必要があるでしょう。たとえば，その基準を三つ考えます。①何が政治的な目標か？　②現在，可能な選択肢は何か？　③長期的に，可能な選択肢をどうやって増やすか？

戦争は，政治の終わりではなく，継続である，という古典的な命題があります[11]。戦争は外交・交渉の終わりではないし，戦闘における勝利は，必ずしも戦争に勝利することを意味しないのです。また戦闘と同様に，反戦だけでは独裁者のミサイルやテロを防げない，ということも真実です。現代の戦争は，物理的に他国を壊滅させるとか，植民地として併合するのが目的ではありません。その住民をすべて虐殺したり，奴隷として服従させたりすることはないのです。人間性を基本的な価値とする国際秩序の下では，そのようなことは受け入れられません。

なぜフランスやロシア，ドイツ，イギリス，中国，メキシコ，オーストラリア，トルコ，あるいは韓国や日本，その他の諸国は，はるか遠くの砂漠における「ブッシュの戦争」を，支持したり，反対したりするのでしょうか？　それぞれの国が，この戦争の異なった意味を重視します。石油資源確保や中東和平への関与，ヨーロッパの政治的結束，国際政治における発言力，台湾海峡や朝鮮半島の紛争処理に及ぼす影響，アメリカ一極支配への批判，財政・金融危機の緩和，など。アメリカが動けば，他の国と違って，すべての要素が動くのです。

原爆を除いて史上空前の破壊力を持つ，2万1000ポンド爆弾，「すべての爆弾の母」を開発し，イラク軍と国民を恐怖に染めようというアメリカ軍の計画を，ここまでやるか，と，愉快げに伝えるTVニュースを観ました。おそらく，戦いの原初から，戦争という政治は人々を大規模かつ残虐に殺し，そのこ

とによって生きている人々に深甚の恐怖を与えて服従させる行為なのです。それゆえ，記者たちを連れて戦場を政治テーマパークとし，情報統制しつつ戦時広報室を設けて宣伝材料を提供し，イラク国営ラジオを電波ジャックします。フセイン一族の暗殺を目的に軍事作戦を起こしたり，映画のシナリオみたいな救出劇を撮影したり，爆撃しつつ救援物資をバラまくことも《戦争》の一部なのです。

　開戦を告げるブッシュ大統領の説明は，型にはまった押しつけがましいものでした。他方，シラク大統領の主張は価値ある反論でしたが，原則を美化して，アメリカ政府との交渉を導くことに失敗しました。小泉首相の直截な説明にも彼の政治家としての斬新さと美点を感じましたが，最も感銘を受けたのはブレア首相の演説でした。「今夜，イギリス人兵士は，陸・海・空から軍事行動に参加した」。なぜイギリス首相として彼はそれを決断したのか？　ブレアは直ちに国民に説明しました。

1．戦争の目的は，サダム・フセインを権力の座から追放し，イラクの大量破壊兵器を取り除くことである。
2．イギリスは，国際社会とともに，新しい脅威に直面している。大国間の戦争ではなく，フセインのような野蛮な指導者が君臨する国家が，大量破壊兵器やテロリスト集団によって秩序を破壊する恐れがある。
3．戦闘に参加しなくても，この脅威から逃げることはできない。
4．サダムを失脚させることはイラク国民の利益になる。われわれはイラク国民の味方であり，その野蛮な支配者が（共通の）敵である。
5．戦後の人道的な秩序を，全面的に支持する。イラクの民主主義を支援し，石油からの収入はイラク国民のためだけに使える国連の信託基金とする。
6．イスラエルの安全とパレスチナ国家の復興を基礎にした，中東地域全体の平和を支持する。
7．貧困，環境保護，病気の撲滅には，秩序と安定が必要である。独裁者やテロリストはそれを脅かす。

だから私は，イギリスの軍隊に行動を起こすよう命じた。[12]

ブレア氏は，こうした形で国際的な合意形成や協調のルールを意識し，アメリカの行動に一定の条件を課そうとします。アメリカとともに戦争に参加することは，単に，アメリカの世界秩序に加担することを意味しません。

いずれの国も，戦争への参加を決めるのは国内の政治秩序＝目的です。そしてグローバリゼーションの時代であれば，超大国アメリカで選ばれた政治指導者ブッシュ氏の暴走を止めるのは市場かもしれません。「新しい金融アーキテクチャー*」論を彼が葬ったことでドル価値が不安定になれば，ブッシュ・ドクトリンを誰もまじめに受け取らなくなるでしょう。

エネルギー帝国主義 [13]

ミステリー・スパイ映画を観るような，ウクライナへの天然ガス禁輸措置は，プーチン大統領の政治サーカスに国際メディアのスポット・ライトを集めました。ロシアがウクライナに，またアメリカがイラクに，疑いなく示したような《エネルギー帝国主義》は，主要諸国による人類全体のための世界システムと，取り替え可能でしょうか？

ドイツの政治家たちが眠れなくなっているとしたら，私たちも少しは想像してみることです。重要な資源やエネルギーが自国にないにもかかわらず，それを外国から輸入することによって，日本は国内に発達した産業システムを築きました。その場合，この資源とエネルギーに対する安定した供給を確保することが，日本にとって非常に重要な政治課題となるでしょう。ところが，資源・エネルギーの生産国は政治的あるいは経済的に不安定であり，しだいに自国と敵対する政治的な主張に傾いていることが分かったとします。日本の政治指導者にはどんな選択肢があるでしょうか？　そして，あなたは何を求めますか？

帝国主義のシステムとは，軍事的な介入，戦争と占領，植民地化によって，世界の領土的分割を目指す政策を主要国が互いに採用する国際システムです。それが絶対に間違いだ，と証明できるでしょうか？　自国の経済システムや政

＊　メキシコやアジアの通貨・金融危機を受けて，1998年4月，アメリカのロバート・ルービン財務長官が提唱した。その後の改革論争を総称する。

治的自立の確保のために？　市場・金融システムの安定化？　文明化の使命？　虐殺阻止や貧困救済？　自由と民主主義を守る？

　もし帝国化が選択できないとすれば，一国としてできるのは供給国や供給経路，エネルギーの種類を多様化すること，そして備蓄システムを築いて，できるだけ備蓄可能な資源を利用することです。その延長上に，エネルギー市場が整備され，多国籍企業が供給することを支持する。また，消費国が共同購入したり，生産国との価格安定化システム，共同資源開発プロジェクトに出資したり，共同技術開発機構を立ち上げたりするでしょう。

　しかし，どうしてもエネルギー・資源への外部依存を転換できないとすれば，政策によるか，市場圧力によるか，それらが並行的に働いて，価格が大幅に上昇するでしょう。消費量は激減し，破綻する企業や個人に対して政府は生産システムの転換を促すための融資を与え，もしくは生き残れる力のある者だけが不況に耐えます。エネルギーの節約，効率改善，代替エネルギーの開発，原子力発電，新規油田開発，……などが必要です。

　もし空想的な解決が選択肢としてまじめに検討されるほど危機が深刻で，指導的な諸国の政治的意志が強く，その他の有利な条件も重なった場合，超国家機構によるエネルギー・資源の強制的な管理と政治的配分が組織されるかもしれません。さらに空想的，すなわち，歴史的に見るなら，エネルギー・資源の限界と両立可能な文明だけが残るわけです。太陽，風，潮流，地熱，エコロジカル・サイクル……。

　かつて，経済大国へと台頭する日本が示す旺盛な資源・エネルギー需要について，アメリカとの競合と対立を予想しつつも，日本はアメリカとの親密な関係から決して抜け出せず，この奇妙なカップルは続くだろう，それ以外にない，とレイモンド・バーノンは結論しました。[14]　市場（ドル），安全保障，エネルギー供給を，すべてアメリカの国際システムに依存していたからです。しかし，今後もそう言えるのでしょうか？　また，中国はどうでしょうか？

　テレビで中国の現状を観ると，そのアメリカ的な拡大と刺激に，プラスであれマイナスであれ，感動と畏怖を覚えます。日本政府は，早急に，問題別の次官級定期会談を，毎月，周辺諸国と持つべきでしょう。エネルギー・資源，安

全保障・国境，歴史認識・共通教科書，貿易・投資，為替レート・マクロ政策，経済改革，環境保護，……。そして毎年，首脳会談を開いて，重要問題に関する協議を重ね，解決に向けた方針を互いに示してほしいです。

それが，エネルギー・資源問題の帝国主義的でない解決策なのです。

アジアの安全保障[15]

日本と韓国は，ワールド・カップ共催だけでなく，貿易自由化や金融安定化，地域安全保障について，両国がアジアも含めた将来計画を示すべきではないでしょうか？　朝鮮半島の統一や中台の政治・経済関係を安定化する枠組みについて議論すること，日本国民にとって特に重要な核兵器の廃絶を具体化すること，それらの実現に向けた道筋を論理的に示し，さらに制度化するべきです。そうすることで，改革が各国の具体的な国内政治を動かすはずです。

この激しい変化の時代を東アジアが生き延びるには，改革を目指し，尊敬される政治指導者の国際的連携がもっと必要です。アジアでも移住者たちが土地を奪い合って，戦争の発端となるかもしれません。たとえ，まだ程遠いとしても，国連が各国に保障したいと希望する条件は，定期的な選挙の実施と治安の回復，そして，法の支配です。

以下の問いに，日本の国会議員は答えてください。

① グローバリゼーションや政治統合，資本市場による地域経済の再編を支持するか？
② 大きなショックが襲えば，互いに助け合い，同情するより，互いを恐れ，人種差別を煽り，憎しみ合うのではないか？
③ 言葉が違い，文化が違い，所得が大きく違う時，人々は一緒に仲良く暮せるか？
④ 1920～30年代に日本が軍事侵略にのめりこんだ過程と，敗戦した理由を説明できるか？
⑤ 展開できる軍事力や核兵器を持たない国家は，他国の軍備拡張や紛争拡大，軍事的威嚇に，どう対処するか？

北朝鮮やイランの核開発，国際的な核廃絶の難しさを理由に，日本の核武装を議論する政治家がいます。しかし私は，核武装よりも国民皆兵を支持する方がよいと思います。

　アジア地域や世界の安全保障に関して日本の発言が少ないのは，平和憲法によって軍隊や核兵器の保有を認めないからではなく，国民が十分な経験と知識を持って，民主的議論を経た政策合意を形成していないからです。日本の国民すべてに，基本的な軍事教育を行うのがよいのではないか，と思いました。自分たちの国をどうしたいのか，人々が真剣に考えるなら，日本国内の制度改革を進める力にもなるでしょう。

　人々が，公開された，民主的な形で兵役につき，日本や周辺諸国の安全保障，世界情勢を活発に議論する時間を共有することは，日本の社会が避けてきた集団的な民主的意思決定の大切さを国民に理解させるでしょう。それはまた，戦争の抑止や軍備支出の問題を市民が正しく理解し，復古的な軍国主義者や暴力団体の発言と行動に偏った論調を是正するはずです。

日本による国際秩序の再編 [16]

　安全保障と法秩序に関する合意が平和を築くまでは，私たち自身がグローバリゼーションとテロリズムに，直接，対峙することになります。

　日本という政治システムを介してグローバリゼーションと本気で向き合う際に重要なことは，私たちが次の四つの問題について自ら準備し，国際的な合意を得る解決策を積極的に示すことでしょう。すなわち，①朝鮮半島の再統一，②中国問題，③日本問題，④アジア経済統合，です。いずれも国際秩序の基礎を大きく作り変える問題です。日本の姿勢によってその後の方針が変わるという意味で，日本は新しい国際秩序の決定に初めて参加するのです。

① 　朝鮮半島の再統一：統一朝鮮の誕生は，その経済再建計画と軍備削減（米軍を含む）も含めて，東アジアと太平洋の地政学に影響する。統一国家と日本，中国の間のバランスや，アメリカ，ロシアの参加方式が重要に

なる。
② 中国問題：中国経済の急速な成長と輸出増大，資源・エネルギー需要の増大，国際的地位の上昇を，どのように国際システムは受け入れるのか。台湾海峡と中国国内の経済改革，共産党の政治システムがどうなるか。台湾独立や軍事侵攻があれば，中国内部の金融システム危機や，世界貿易・国際投資の途絶など，世界に深刻な影響を与える。
③ 日本問題：急速に工業化した戦前の日本は，アジアの中で孤立した国際分業構造を軍事的に再編しようとして失敗した。戦後はアメリカの自由主義的国際秩序に参加し，貿易や金融，資源，情報のネットワークを利用してきた。デフレと国内投資の減退を解決し，アジアや世界の成長維持，通貨不安の予防・回避に，指導的役割を果たせるか。
④ アジア経済統合：独自の制度を持たず，市場型の発展を遂げてきたアジア地域が，貿易による相互依存の深化と通貨危機を経て，共通の政策を求め始めている。アジアでも，独裁国家やイデオロギーの違いは重要でなくなる。統合化に伴う摩擦や社会不安に対して，多くの具体的な問題を互いの譲歩や協調で解決し，新しい調整のルールを作る必要がある。

　こうした問題が，日本の将来の世代にとって重要であるだけでなく，先の戦争で日本軍に侵略されたアジア諸国にとっても重要であるということを日本の指導者たちは考えるべきです。それゆえ最も重要なことは，日本がその姿勢を決めるにあたって，国民の合意を形成するために何を議論したか，彼ら（私たちの子孫と近隣諸国）が十分に知ることです。
　政治指導者たちは，さまざまな解決策をオープンに議論し，明確な方針や目標を示さなければなりません。そして，必要な手続きや制度的枠組みを整備するため，政治的にも経済的にも，将来に向けて投資しなければならないでしょう。日本が経済を再建し，復活する経済力や新しい金融秩序に，こうした問題の解決がその一部として組み込まれていなければなりません。

一発の銃声もなく[17]

　たまたま，H. G. ウェルズの『宇宙戦争』を読んでいた時，金正日の核実験が伝えられました。火星人襲来のように，それ以来，日本の政治が翻弄されています。

　こんなジョークがありました。イギリスによる香港の支配を終わらせるために，中国は一発の銃声も必要としない。……北京から電話すればよい。（イギリス政府に対する電話一本で香港を解放できる。）

　東欧から，ベルリンの壁，そしてソビエト連邦に及んだ，共産主義体制からの民衆離脱は，投票や発言の機会を失った結果，人々が足によって選択したものでした。北朝鮮に対しても，この選択は有効です。もし中国や韓国が国境を開放し，避難民を積極的に受け入れると宣言したら，金正日の体制は数日で消滅するでしょう。

　手嶋龍一氏の『一九九一年　日本の敗北』（新潮社，1993年）を読みました。日本の対外政策を転換した事件として，1985年のプラザ合意や1997年のアジア通貨危機と同様に，あるいはそれ以上に，1991年の湾岸戦争があります。海部内閣の下で「国連平和協力法案」は成立せず，日本は130億ドルの財政支援を行いましたが，アメリカからもクウェートからも感謝されませんでした。国際社会で屈辱的な扱いを受けた，と繰り返し言及されています。

　　五十万のイラク軍が国境付近に集結し，緊張が高まってもなお，クウェートの支配階級は，南仏リビエラの高級リゾート・ホテルやスイス山岳地帯の豪華なロッジでヴァカンスを楽しみ，国に帰る気配すら見せなかった。……アメリカ国民は，やり場のない怒りをホワイトハウスに突きつけた。……「クウェート王族のために，なぜわれわれの息子が砂漠で戦い，血を流さなければならないのか」。[18]

　　「サダム・フセインは必ずイスラエルに攻撃を仕掛けてくる。……問題は，フセインがどのタイミングを選んでイスラエルを攻撃してくるかだ」。その

時，多国籍軍とイラクの戦闘がすでに開かれていた場合，ユダヤ人たちを説得できる。しかし，真っ先にスカッド・ミサイルをイスラエルに撃ち込んでしまえば，フセインは「アラブの大儀」を掲げて，アラブ急進派を糾合できる。……湾岸戦争の性格を根底から変えてしまう。[19]

アメリカの政府と議会は，中東の石油に最も依存する日本に同じ憤懣を抱きました。「自分の経済的利害だけを専らにし，世界秩序の維持にはなんら責任を果たそうとしない，わが同盟国日本は『極東のクウェート』ではないのか？」。[20]

　国境開放によって体制の死を予感する時，もし金正日が真っ先に日本を標的にミサイルを撃ち込んだら，どうなるか？　と私は想像しました。厭戦気分のアメリカ，反米・反日感情の強い韓国，若者の反日感情に翻弄される中国，プーチン＝資源独裁のロシアは，どう動くか？　国連安保理のイギリスやフランスも国内に政治不安を抱えています。そして日本では「世論が危険な風を孕み」，社会の底から「不健全なナショナリズム」が燃え上がる？

　他方，もし朝鮮半島の統一が平和的に実現すれば，日本は変わらないのでしょうか？　むしろグローバリゼーションによる社会変化が加速するかもしれません。ドイツやアメリカ，イギリスで起きているように，ゲイ（同性愛者）の市長や，億万長者の若い起業家，全身をベールで覆ったムスリムの女性たちが日本の代表的な地位に就きます。もちろん，それまでに何度か，火星人襲来のようなパニックが起きるでしょう。

　こうして，一発の銃声もなく，日本は変わるのです。

第Ⅱ部　国際政治経済学の探求——調査旅行

9.11の前に[1]

　……ブッシュ大統領はメキシコでフォックス大統領と会って，移民政策や麻薬取締りを交渉していた。オニール財務長官とアラン・グリーンスパンは，シシリー島のパレルモG7で，主要国の蔵相・中央銀行総裁と会っていた。イスラエルではバラクが選挙で敗北し，シャロンが労働党との連立政権を立ち上げた。シャロンは，事実上，オスロ和平プロセスの合意を廃棄した。イラクのフセイン大統領は，直ちに，アメリカとイスラエルへの反撃を宣言した。

　……アメリカのミサイル防衛計画は，中東和平と並んで，ロシアやフランスに反発を生じていた。EUの緊急展開部隊はNATOの目的と衝突し，アメリカとEUの間でイギリスを微妙な立場に置いた。ユーロへの参加をブレア政権は将来に先送りしようとしていた。イギリス世論や国連では，イラクへの経済制裁による民間の被害，フセイン政権や軍隊に対する制裁の効果，以前の空爆目標が適切であったかどうかについて疑問が生じていた。狂牛病や移民問題と並んで，劣化ウラン弾がヨーロッパの世論を内向きにした。OPECは石油価格の下落を嫌っていた。パウエル国務長官はアラブの友好諸国に向けて出発する準備をしていた。

　共和党政権によるポスト・ポスト冷戦構想は，レーガン政権誕生時と似た，孤立主義・一方主義・略奪的覇権国家への転換を世界中で顕在化しつつあります。根本的な変化に直面して，何事もなかったことにしよう，というのがG7の合意かもしれません。そしてアメリカに遅れることなく，各自が最悪の事態に備えようとするでしょう。

　もちろん，その動機がブッシュ親子と共和党の怨念であっても，世界はアメリカ政府と市場に反応します。

　もし今，知能と「人間的」徳性に優れた宇宙人が世界に舞い降りたら，フセインを裁判にかけ，クウェートの資産をイラクやパレスチナの復興に投資し，イスラエルの入植地拡大や武器の使用を凍結して，クルド人難民には大幅な自治を与えるでしょう。そして最後に，中東全域の国境を開放してくれるかもしれません。

第1章　中央アジアの移行経済[*]
―――自由化と援助政策[1)]

はじめに

　中央アジアの諸都市を初めて訪れた[**]。ほんの数年前に1000％を越すインフレに苦しみ，工業生産の半分が失われた深刻な不況を経験したとは思えない，むしろ静かな，整然とした街並みが印象的だった。

　古びた車体のあちこちが破れ，速くは走れそうにない埃まみれのトロリーバスを見た。道路脇に点々と机を出して，わずかな野菜や雑貨を並べ，猛烈な日差しを避けて木陰や屋内から行き交う自動車を見つめる人々の眼差しは厳しかった。訪問先の研究所の階段は，あちこちがボロボロと崩れていた。書店に並ぶ本も，その紙質は粗悪で，種類は限られていた。公式の失業率が示す以上に前向きの雇用は失われ，表面的な静けさの下で，未来への希望を失った人々の深刻な不安と，社会全体を覆う逃げ場のない衰弱が，深く浸透していたのかもしれない。

　援助の根拠として，その人道的理由や国際分担，資源確保，移行・開発支援，安定化などが指摘できる。たとえ比較的孤立した，中央アジアに広がる砂漠のオアシスであっても，シルクロードの時代からヨーロッパとアジアとをつなぐ

---

　[*]　1991年のソビエト連邦崩壊後，社会主義圏の多くの国々で政治体制とは区別して，その経済システムが市場経済に変わることを指して「移行」と呼び，また完全に市場経済ではない，変化の過程にある経済を「移行経済」と呼ぶ。
　[**]　1996年9月8～22日，中央アジア経済研究視察団（団長・大崎平八郎）の一員として，カザフスタン，キルギス，ウズベキスタン，トルクメニスタンを訪問した。ユーラシア研究所編『ロシア・ユーラシア経済調査資料』No. 775, 12月号, 1996年, 参照。

位置にあり，大英帝国とロシアがその支配をめぐって歴史的に対峙した。その後もソビエト連邦と中国に挟まれ，イランやアフガニスタン，パキスタン，インドなどにも隣接することから，中央アジアは地政学上重要な，世界秩序における特別な位置を占めてきた。現在の援助問題も，もっぱらこうした視角から注目されている。しかし，差し当たり援助が避けられなかった理由は，豊かな中央の工業地帯・生産拠点から切り離され，新しい状況に適応する準備も貯えもなく，そのための財政基盤さえ失った，という初期条件にあった。

中央アジア諸国が世界市場に登場したのは，1991年のソビエト連邦崩壊による。彼らの独立は，むしろモスクワの政変が波及した結果であり，それまで独立国家を築く準備はほとんどなされていなかった。大幅な生産の落ち込みにもかかわらず，移行論は次のように主張した。急速な世界市場との統合が新しい技術や資本を導入し，国内に市場制度と競争原理を取り入れるために必要である。それはまた，国際価格における効率的生産と比較優位による国際分業を促し，国際競争力のある分野で十分な「規模の経済」を発揮させる，と。こうした議論が，中央アジアの現実にどの程度有効であったかは，批判的に検討されるべきである。

中央アジア諸国が世界市場に統合される仕方には，援助，貿易，融資，直接投資，あるいは移民など，いくつもの経路がありえる。日本の援助や多国籍企業の誘致は，統合をめぐる選択を助け，これらの諸国の苦しみを真に緩和しただろうか。

1　中央アジア諸国への経済援助

もし中央アジア諸国に財政的な援助がなければ，ソ連邦解体による国内生産の低下と輸出市場の消滅に苦しむ諸国は，必要な食糧やエネルギーを輸入するため，世界市場に輸出しなければならない。輸出するものがなければ，それだけ生活水準の悪化は厳しいものになる。また，たとえ国内に資源や輸出産業があっても，彼らが通貨を大幅に切り下げて先進諸国への輸出を増やす場合，それが先進国側の国内産業と摩擦を生じ，先進国市場は閉ざされる可能性が高い。

さらに，発展途上諸国と競争する分野では，交易条件の悪化により切り下げられる生活水準が，旧ソ連の水準からは受け入れ不可能なほど低いだろう。たとえ輸出に成功しても，資源開発に偏った国内の構造調整は，不要となった労働者・技術者の大規模な失業と，出稼ぎ労働者としての都市流入，周辺諸国や海外への流出を急増させる。その場合，熟練労働者や技術者でも，移民労働者に許された特定の劣悪な業種に低賃金で雇用される。

　人々がこうした負担を軽減しようと試みた結果，社会主義体制の残した制度に依拠する補償メカニズムが，競争的な賃金上昇とインフレの悪循環，財政赤字と通貨増発の悪循環を加速した。市場は機能しえないまま，闇経済に物資が隠匿され，連邦崩壊とともに経済全体として制御しえない解体の方向に突き進んでしまった。

日本の援助

　移行経済の調整コストを軽減する上で，日本の援助は積極的な役割を果たせなかった。通産省『経済協力の現状と問題点』（平成7年）によれば，経済危機が最も深刻であった1993～94年頃，日本の資金協力としてなされたのは以下のものである。

　キルギス共和国への政府ベース資金協力として，「キルギス国立オペラ・バレエ劇場，楽器」に対する文化無償援助（5000万円），「リハビリテーション借款」など2件に対する有償資金協力（96億2700万円）がなされた。他に技術協力として，「研修生の受入れ・専門家派遣」が61名（ただし専門家の派遣は1名のみ）であった。

　ウズベキスタンへは，政府ベース資金協力として「ナポイ劇場，視聴覚・照明機材」に対する文化無償援助（4700万円）が，そして技術協力として「研修生の受入れ」22名がなされたにすぎない（ただしウズベキスタンは，石油産出国として，ほとんど経済の落ち込みを経験しなかった）。

　カザフスタンへの政府ベース資金協力として，94年9月に「アルマティ国立大学，語学学習機材」に対する文化無償援助（4800万円）が，また94年4月に「アンタイド・ローン」2件として輸銀ベース外国政府等・国際（金融）機関

向け直接融資（28億5000万円），これと同時に，民間ベース資金協力として「海外投資」が1件（1億4700万円）なされた。他に技術協力として，「研修生の受入れ」が17名あった[*]。

　政府による開発援助というものは，基本的に，援助供与国の経済的・外交的利益に根差すものである。その意味で，日本の援助も資源の獲得や日本企業の国際展開を支援する形で行われている。中央アジア諸国の資源開発に最も積極的であったのはアメリカ系の石油資本であり，日本企業は遅れて，しかも他国と協調して投資し始めた。

　もう一つ日本が関わる形態として，多国間の，もしくは国際機関を通じた援助や協力がある。IMFや世界銀行は融資の条件として，インフレ抑制の重視，そのため財政均衡と金融制度の改革（中央銀行と民間商業銀行との分離），対外的には為替レートの一本化，その適正な水準への安定化，などを求める。また，世界銀行やアジア開発銀行は，さまざまな個別プロジェクトへの融資，特に移行経済に対する民営化のための企業設立・経営支援なども行っている。日本政府は，中央アジア諸国に対して，特に技術協力・支援を重視する姿勢を示していた。

　当面の政治不安や国際決済能力の欠如を考えれば，民間投資と政府の援助・借款は，長期的な権益確保のため，石油・天然ガス・金などの採掘・調査プロジェクトに集中するほかなかった。たとえば，伊藤忠商事，ジャパンエナジー，帝国石油などの日本の企業連合と石油公団は，アゼルバイジャン政府と，可採埋蔵量約70億バレルの自主開発油田について合意した。

　より注目されるのは，開発と国際秩序の安定化に貢献するものとして，日本政府が，運輸・通信関係のインフラ整備に円借款を当て，日本企業による受注を促していることだ。たとえば，三井物産とNECは，ウズベキスタンで総額160億円の電話網建設プロジェクトを受注した。同時に両社は，ウズベキスタン通信省と，技術者の養成・今後の通信インフラ近代化について協力することに合意した。他にも，蝶理，川崎製鉄商事などが，カザフスタン政府と94億円

＊　トルクメニスタン，タジキスタンについては，援助・資金協力・研修生受け入れはなかった。

のシルクロード鉄道の一部建設・改修工事を受注した。また，中央アジア諸都市の国際空港整備にも円借款が使われる。

特にキルギス共和国へは，日本の「開発モデル」を意識的に導入させるために援助が試みられた。日本銀行による知的支援もその一環であっただろう。中央アジア諸国は，日本あるいは東アジアの経済成長を模倣したいという思いから，貿易・外資の管理，国際借款・技術導入，産業政策の積極的利用，などに関心を持った。しかし，中央アジア諸国の市場制度・民間企業と政府・官僚組織の行政管理能力が制約されている状況では，政府単独による「日本モデル」の適用は十分な効果を期待できない。その後はむしろ，日本企業からの投資も増加しなかったため，IMF などの国際機関との連携が強まった。

アメリカ・西欧と国際機関

日本の援助は，アメリカや西欧諸国と比較して，十分に有効であっただろうか。また国際機関の方針はどうであったか。キルギス共和国で入手した*1996 Business Directory*によれば[2]，国際協力とその指導による国内安定化に最も積極的であったアメリカについて，以下の記述が見られる。

農業分野の協力として，アカーエフ大統領がアメリカのゴア副大統領と1993年12月に締結した協定により，アグリビジネスと農業開発に関するアメリカ・キルギス委員会が設立された。また，欧州復興開発銀行（EBRD）や世界銀行，国際農業開発基金，その他外国の諸政府がキルギスの専門家と協力して，穀物・砂糖・ミルク・牧羊についてのプロジェクトを進めている。

産業分野では，1994年9月に，世界銀行が6000万ドルを融資する PESAC（産業構造再建プログラム）が始まった。これには連邦解体によって利益の見込めなくなった29の巨大プロジェクトが含まれている。さらに EBRD は中小企業の支援として1000万ドルを融資した。アメリカやドイツ，日本からの融資が，IMF や世界銀行，アジア開発銀行，イスラム銀行などと並んで，キルギス共和国の対外収支を支えている。

他方，国際価格に向けての石油価格の大幅な上昇に対して，キルギス共和国は水力発電の拡大（さらに電力の輸出）を必要としている。同時にまた，分散

的な遊牧民の居住地域に電力を供給するために，小規模の発電所を各地に分散させる計画があった。そのため，中小規模の水力発電について，オーストラリア政府の援助に基づき，オーストリアの企業による調査が進められていた。

エネルギーに関して，キルギス共和国政府はCIS＊や中央アジアの各委員会に参加しているだけでなく，中国・アメリカ・カナダ・オーストリアなどの外国政府・企業とも協力関係を築いている。たとえば，アメリカ国際間発局（AAID）やアメリカ・カナダ両政府の金融支援により，ナリン川沿いの11の水力発電所建設計画の調査が進められた。発電所と熱供給システムの近代化は，最優先課題として，世界銀行やアジア開発銀行，EUの協力で進められている。また近隣諸国への電力輸出の市場調査についてはイスラム開発銀行が資金を援助している。

鉱物資源の開発は，キルギス共和国が経済危機の脱出に最も期待している分野である。CIS諸国からの輸入・技術協力に依存してきたプラントが整理される一方，欧米企業による金鉱山の開発やレア・メタルの調査，ミネラルウォーターの商品化などが進んでいる。

IMF Survey は，IMFによる1994年半ばから3年間の拡大構造調整ファシリティー＊＊（ESAF）の基本方針に照らして，キルギス共和国の近年の安定化を高く評価している。3)同国に与えられたESAFの目標は，①年5％成長，②10％以下へのインフレ抑制，③GDP比3％以下への財政赤字削減，④GDP比9％以下への経常収支赤字抑制（外貨準備は輸入額の2カ月分以上），⑤国営企業民営化などの構造改革，であった。最近の予測では，キルギス共和国の実質GDPが5.6％成長したのを最高に，タジキスタンを除く4カ国すべてがマイナス成長をほぼ脱した，と評価されている。

また，IMF, *World Economic Outlook,* 1996 は，移行経済の長期的成長可能性を検討し，政府が民間の貯蓄と投資を促す環境を育成し，構造調整により失業する労働者への雇用を提供するダイナミックな民間部門が拡大するならば，

＊　独立国家共同体（Commonwealth of Independent States）。1991年ソビエト解体時にロシア，ウクライナ，ベラルーシなどが中心となって形成された。
＊＊　IMF融資制度の一つ。譲許的条件で特に所得水準の低い国を対象とする。

中央アジア諸国を含む「遅れた移行諸国」も1996〜2001年に平均5％の成長が見込める，と予想した。ただし，所有権の確立と安定した透明性のある税制が何より重要である，と指摘したにとどまる。

国際機関の援助・融資は，個別の国家の経済的・外交的利益が直接反映されない点で優れているが，逆に受け入れ国の事情を無視した形で，国際金融制度の維持や統一的判断基準の順守が硬直的に要求される。中央アジア諸国は，国内の主体的な移行戦略を持たずに，国際機開からの指導や援助に期待するところが大きすぎたのではないか。むしろ，援助といえども，自国の調整をどのように望ましい形で進めていくかについての選択の一部として，社会・経済・政治全般の改革に照らして，常にその条件を争わねばならない。

周辺諸国の地政学

中央アジアの周辺諸国，ロシア，中国，トルコ，イランなどは，それぞれ独自の判断から，援助や投資の主体として重要性を増しつつある。

主として世界市場価格を下回る石油などの資源を連邦内の安価な輸送手段によって供給される形で，ソビエト連邦時代に中央アジア諸国は多額の援助を受けてきた。連邦内移転価格を世界価格に直した時，貿易赤字の規模は，カザフスタン，キルギスタン，タジキスタンで，毎年，経済規模の約2割，ウズベキスタンでも1割以上におよんだ（トルクメニスタンはほぼ均衡）。[4]

またロシア政府は，今も中央アジア諸国の国境警備をほとんど負担している。中央アジア諸国が独自通貨の採用に踏み切ったことで，それ以前に累積していたルーブル建て資産をドル建ての信用に組み替え，その条件と返済計画に合意しなければならなかった。その場合の融資条件は，ロシアが国際機関から得ている条件よりさらに譲許的なLIBOR＋1％の低金利であった。最大の債務国カザフスタンの場合，その額は10億ドルを超えている。

トルコは文化的な背景を共有しているため，西側モデルとして移行初期に中央アジア諸国から重視された。しかし経済援助の供与国としても，政治・軍事的基盤としても，新しい盟主にはなれないことが急速に明らかとなった。むしろトルコは，ロシアとの関係を切り離し，西側の経済モデルを導入させるため

の隠れ蓑になっている，と批判された。他方イランは，トルクメニスタンとのパイプライン建設計画で影響力を拡大したものの，「イスラム革命」を輸出し，タジキスタンの内戦に介入している，という非難を受けた。両国の影響は，当時（1996年），限定されたものにとどまっていた。

中国は，その西域に民族的なつながりのある地域を持ち，国内の急速な経済改革・成長とともに，中央アジア諸国から注目されている。カザフスタンやトルクメニスタンから中国域内を通って，韓国・日本にまでおよぶパイプラインの建設計画がある。さらに国境地帯では，中国製の消費財や食糧と中央アジア諸国の建設資材や重機械，肥料などとが盛んに物々交換されている。しかし，中央アジア地域をめぐるロシアと中国の領土要求は不透明であり，将来とも緩衝地帯として平和が保たれるかどうかはこれら大国間の合意形成にかかっている。

2　世界市場への統合

東アジア型の開発国家を目指すことは，移行諸国にとって必ずしも十分な調整経路ではなかった。なぜならアジア諸国に比べて，多くの移行諸国は所得水準や工業化の水準が高く，また急速に拡大する市場へのアクセスにも恵まれていないからだ。こうした移行経済にとって，国際貿易・国際通貨の取り決めがその後の構造調整を決定する最も重要な選択となった。[5]

ハイパー・インフレーションを終息させ，世界市場の基準から見ても効率的な資源配分と公正な所得分配を実現させるために各国が構造調整を開始するには，独自の通貨を発行する必要があった。独自通貨は外部からの攪乱に金融統制や為替変更で対応し，インフレの波及と悪循環を抑制する。また，構造調整の主体として政治的に支持されている新政府に経済的自律（自己選択と自己抑制）を課す。

ルーブル圏・共同市場の維持

IMFもルーブル圏を維持してコメコン（経済相互援助会議・CMEA）の継

続を模索する時期があった。移行諸国の自主的な構造調整政策やグラデュアリズム*の可能性を奪ったのは，連邦解体による中央銀行制度の分裂とコメコンの分解であった。

1992年1月から始まったロシアの価格自由化は，CIS諸国における何の合意もなく始められた。その結果，ロシアに端を発した爆発的なインフレが他国に波及し，同時にロシアにおける財政・金融の引き締め政策が他国に過剰在庫を押しつけ，過剰商品のはけ口，貨幣化を強制した。各共和国はロシアとインフレを競い合うか，もしくは独自通貨を発行して移行過程の自主的な管理を目指すか，選択しなければならなかった。

独立したはずの各共和国が独自通貨を選択しない理由は，ロシアからの隠れた援助，対外債務，そしてモスクワを中心とした放射状の分業・企業体制にあった。特に，石油や輸送費など，世界価格を大幅に下回る価格で提供されていた取引を世界価格に換算した指標によれば，旧ソ連から独立した共和国の内，ロシアを除いてトルクメニスタンのみが黒字となり，各国の赤字額はその経済規模に比べて重大な割合を占めた。**

ルーブルが急速に価値を失い，さらに企業間・CIS国家間で債務不履行と累積化が進めば，各企業は決済能力のある外貨・ドルへの需要を強め，為替レートが急激にルーブルの価値下落と輸出促進を進めた。このことは，国内製造業を守るための為替切り下げ策であった，と主張されているが，それは間違っている。なぜなら，急激な価格上昇で輸入ができず，生活水準の切り下げを強要し，国民にとって必要な物資まで輸出に向ける政策は，国内の余剰資源・過剰労働力のはけ口として輸出を拡大する議論とは異なるからである。

たとえインフレの波及と物資の流出をめぐる軍事衝突の危機を抱えていても，共和国はモスクワからの物資がなければ稼動しない多くの企業の末端を維持するしかなかった。それはまた，各共和国の中央銀行や企業がルーブル債務を自由に増やせる限り維持できた。しかしその代償は，ルーブル債務の累積とハイ

---

*　漸進主義（graudualism）。時間をかけて改革を行うという主張。一気に市場価格を導入し，自由化せよという主張（ショック・セラピー）と対立する。
**　リトアニア：41.5％，モルドバ：33.4％，カザフスタン：24.4％，アルメニア：24.0％，など（本章注5）に示した文献のTable3-4，p.74）。

パー・インフレーションの拡大であった。

通貨秩序を取り戻すためには，①国内経済のドル化，②貨幣供給量について参加諸国が合意するルーブル圏の形成，③独自通貨の発行，のいずれかが必要になった。そしてどの場合も，主要貿易相手国（もしくは，そのグループ）の通貨に固定するか，変動制を採るか，選択する必要があった。結局，各国は①を選択する意図を持たず，②については合意できなかった。ロシアの金融・財政的混乱が深まり，IMFは180°方針転換して，1993年5月，キルギス共和国の独自通貨（ソム）採用を支援した。

コメコン解体とルーブル圏からの離脱過程は，各国間の相違を強め，中央アジア経済を一層大きく動揺させて互いに混乱を深めた。キルギス共和国が独自通貨を採用したことに対して，キルギスで使えなくなったルーブル紙幣が流入するのを阻止するという理由で，ウズベキスタンとカザフスタンはキルギスの銀行との振替を禁止し，商品購入を規制したり，キルギスとの国境を封鎖したりした。さらにウズベキスタンはフエルガナ地域へのガス供給を停止し，こうしたことがさらに各国の通貨事情を混乱させた。物資の不足やインフレの加速が国境地帯の軍事的緊張を生じた。[6]

ロシアは所得水準の低い共和国に援助し続ける意志を失っていた。ショック・セラピーが成果を挙げないまま，ルーブル圏における信用膨張の抜け穴を防ぐためにも，ロシアは他の共和国との関係を切りたかった。1993年7月，ロシアは一方的に新ルーブルを発行して，旧ルーブルとの交換を制限した。こうして地域経済統合や通貨協力の模索は，ロシアの冷淡な対応によって終わった。ロシアの中央銀行が他の共和国との決済にドルを要求した結果，各国は独自通貨の採用に向かった。

地域貿易協力と世界市場統合

中央アジア諸国が自分たちで移行経済の調整コストを軽減する途として，相互の地域協力が考えられた。ソ連邦の解体直後，連邦内の密接な分業体制と周辺地域のロシアへの財政的・金融的依存関係から，独立国家間の協力体制が失われれば経済崩壊は耐えがたいものになると危惧された。そこで移行初期に模

索された一つの計画は，東欧貿易・決済同盟（EEPU）ならびに中央アジア貿易・決済同盟（CAPU）を目指すことであった。[7]

これは，戦後の西欧諸国が経済復興する際に重要な貢献をしたヨーロッパ支払同盟（EPU）の経験に倣って構想されたものであった。しかしEPUと比較して，第一に，戦後ヨーロッパと異なり，域内の相互・多角的貿易関係に乏しく，対ロシア貿易の比重が大きすぎた。ロシアだけが構造的な黒字国であったから，同盟はロシア抜きには意味がなく，ロシアが参加してもその一方的な信用供与に依存する状態が続く。

第二に，各国の市場は機能しておらず，まして各国間で有効な市場関係が発展する可能性は乏しかった。通貨的な安定性が得られなければ，支払同盟は互いの金融・貨幣制度を攪乱し，むしろ先行する国の市場経済移行を妨げる結果になるだろう。移行と統合に積極的な諸国は，国内安定化を優先し，変動相場制の下で直接世界市場と統合するか，あるいは安定化基金を供与する主要貿易相手国の通貨にリンクして，世界市場を直接利用できる方が望ましいと考えた。累積する企業間債務も，中央銀行間の対立と並んで，協調関係を妨げた。すでに地域内では物々交換や密貿易が中心となり，他方，交換可能な外貨に依拠した新しい信用枠で，中国やトルコ，中東諸国との貿易が増加してきた。

おそらく最善の統合化は，中央アジア諸国が利益を共有する部門で関税同盟を形成し，域内市場の育成と相互調整を促進することで，世界市場統合へのクッションを確保することであった。域内市場が発展すれば，互いにより緊密な経済協力を模索し，その一環として通貨協力の可能性も高まっただろう。

IMFは，通貨の安定化と世界市場への統合が，移行諸国の成長を回復させる，と主張した。その過程を促すものとして，中欧諸国によるCEFTA（中欧自由貿易地域）を高く評価している。しかし変動相場制や自由貿易を採用することが，直ちに理想的な国際分業体制を実現し，世界的な資源の再配分に合流して，新しい資本や技術と新しい市場に向けた雇用の創出につながる，と期待することはできない。移行諸国が高度な工業力で国際競争力を発揮する見通しはなく，軽工業製品の輸出ではアジア諸国と競合する。資源を輸出できなければ為替は大幅に下落して広く国民の生活水準を破壊する。他方，資源の輸出だ

けに頼れば，むしろ貿易黒字や資本流入が通貨を過大評価にしてしまい，国内産業は輸入品に圧倒されて，雇用も含めて国内経済は衰退するだろう。

　なぜ中国は成功したのか？　それは世界市場との統合を積極的な構造調整に利用する制度を工夫したからである。農産物価格の引き上げと増産が工業製品の国内市場を形成した。資本の追加的供給は生産の拡大と輸出促進に向けられた。資本規制と為替相場の安定化，通貨の切り下げ等により，国営企業は遊休資源を安心して輸出拡大に利用できた。輸出による追加的な所得は，さらに国内の個人経営の中小・零細企業を通じて生産的な雇用拡大と追加の所得を与えた。[8]

直接投資による市場統合

　援助は，一般に調整期間を延長し，調整速度を緩和する。しかしそれに加えて，援助を導入する政府が，国民に改革を受け入れてもらい，管理可能な制度・条件整備の主導権を確保し，社会・政治秩序を安定化できる。積極的な社会的弱者の救済や移行コストの抑制によって，社会的統合が維持でき，調整コストそのものが軽減できる。

　他方，多国籍企業による直接投資の導入は，むしろ移行を加速することで調整期間を短縮し，全体としての調整コストを抑制する，と主張される。多国籍企業の資本や技術，世界市場への販売組織やブランド，国際マーケティングのノウハウが，既存の国内企業に世界市場への途を開いてくれる。そのためには，国営企業の分割・民営化資本市場の整備，企業の情報公開，所有権と経営責任の確立，為替管理の撤廃，税制の統一・簡素化といった市場化と規制緩和が求められる。

　政府と多国籍企業による二つの統合過程は，必ずしも対立するものではない。分野によって，特定の問題や転換時期において，両者の重要性は異なった意味を帯びるだろう。移行経済の求める望ましい社会改革に向けて，絶えずバランスが模索される。

　国内市場の低迷を輸出の促進によって解決するには，世界市場向けの輸出産業が国内に形成されていなければならない。既存の産業構造が世界市場の要求

する品質と価格に応じるためには，通貨の切り下げだけでなく，追加的な投資が必要である。そこで，国内の貯蓄・投資不足と世界市場についての情報不足を解消するために，外国企業を誘致して国内企業の生産設備や技術者・労働者を利用させる一方で，その情報にアクセスし，技能教育を受けるのが最も効果的であると思われた。

　しかし，中央アジア諸国の政府が強く望んでいる世界市場向けの製造業や最新の技術水準をもたらす多国籍企業は，この地域の政治的不安定性や国内市場の小ささを考えれば，十分な貢献を行うとは期待できない。中央アジアよりも数倍所得水準が高く，西欧への輸出基地としても有効な東欧ですら，ようやく増加し始めたこうした直接投資の役割は，むしろ移行と世界市場統合の完成する最終局面に限られ，逆に国内経済発展を攪乱する危険もある。

　現実に進行しているのは，一方で，世界的な資源採取企業が採掘権を確保する目的で行う先行投資であり，他方，旧ソビエト連邦時代の分業体制を，国境を越えて再生しようとするロシア系資本の関連企業買収・再建である。あるいは，既存の生産設備や労働者・技術者を確保し，生産設備を一部更新するだけで，世界的ブランドをつくることで国内市場の再編成を促している可能性もある。国内物価や為替が安定し，外貨保有の規制などとともに，域内の生産者を保護する関税同盟の動きが強まれば，生産拠点確保を目的とした外国からの投資を促すだろう。他方，東アジアの開発をまねた国際空港や道路周辺の「輸出加工区」は，世界の他の地域に比べて十分な競争力を持たない。

　すでに行われた大規模な資本流入は資源開発関連の投資に集中している*。もし大規模な直接投資が今後も石油や金などの地下資源開発に集中するとすれば，輸出型製造業の育成には深刻なマイナスの影響が懸念される。資源産業の拡大を国内の経済発展に結びつけるために，政府はその収益に課税し，国内熟練労働力の育成・雇用確保や市場形成，産業構造の多様化に利用しなければならな

＊　カザフスタンのテンギス油田において200億ドルと推定される開発プロジェクトにアメリカのシェブロンが投資していたが，昨年末にはアメリカのモービルとロシアのルークオイルも参加した。日本の伊藤忠も，アメリカのアモコやユノカルと組んで，アゼルバイジャンのカスピ海沖の二つの開発計画に参加した。他にも，イギリス，フランス，中国などの資本が，石油・天然ガスの開発計画に出資している。

い。

　この地域で積極的な製造業への投資を続けていたのは，日本ではなく，むしろ韓国企業であった。東欧や中央アジアにおける韓国資本の積極姿勢の背景としては，韓国経済の後発的国際化と有望な海外市場における競争激化，通貨ウォンの切り上げ圧力と為替変動に影響されない体制の追求，日本や欧米資本と競争する技術力の限界，ASEAN諸国の追い上げ，などが指摘されている。韓国の財閥は，金融自由化までに企業内で貯えていた資産の海外移転を図っていた，とも考えられる。

　受け入れ国にとっての援助や直接投資の相対的重要性を評価するため，対GNP比率を世界銀行の統計から求め，これを日本のGDP規模（94年・4兆6511億USドル）により換算し直せば，カザフスタンへの直接投資規模は，日本に474億4100万ドルの直接投資がなされたことに匹敵する。またキルギス共和国への援助・技術協力の規模も，日本に1093億ドルの援助がなされたことに等しい。

　各国は，広い意味での直接投資の規模や内容を，自国の構造調整を加速あるいは抑制するように管理しようと努力している。しかし，各国の規制がむしろ競争的に緩和され，国内産業を犠牲にした優遇措置の乱発に向かう傾向も見られる。この場合も，貿易における関税同盟と同じく，地域協力を基にした国際規制と産業協力が有効であろうが，その実現をはばむ各国経済条件の相違と矛盾，政治的対立は問題を複雑にしている。

3　直接投資の政治学

　移行過程にある中央アジア諸国にとって，直接投資は輸出と経済発展のエンジンとなるより，むしろ世界企業の戦略の犠牲となる恐れがある。国境を越え

＊　ウズベキスタンには大宇自動車や三星電機，キルギスにはLG（ゴールド・スター）の工場がある一方で，トヨタは整備工場しか造っていない。トヨタの世界戦略は，北米・EU・ASEANへの生産拠点網に投資を集中する一方，その他の地域には整備工場を拡大し，販売力とサービスを向上するとともに，技術水準の引き上げを目指している。

＊＊　ただし，こうした統計の正確さには多くを期待できない。

る投資は政治的利害の対立を明確に反映する。それは長期にわたる資産と生産能力，輸送設備・経路の支配を伴っている。世界的な規模の金融・通信条件を自国に有利な形で確保し，その安定的秩序を築こうとする先進諸国の対抗は熾烈である。それゆえこの地域の将来について，周辺諸国だけでなく，大国間の軍事＝経済安全保障上の関心を無視することはできない。

国際政治の発火点——カスピ海の資源開発

ソ連邦解体後，独立した諸国や，独立を目指して内戦となったチェチェン地域のように，各国・各地域のさまざまな移行戦略は互いに対立し，より有利な国際的地位において世界市場と統合するために競争を繰り広げている。カスピ海の石油輸出基地であるバクーは，こうした国際政治と国際資本の激しい陣取り合戦の焦点となった[9]。

ペルシャ湾岸地域に匹敵する推定埋蔵量の石油・天然ガスや，南アフリカ共和国に次ぐ産出量を誇った旧ソ連邦における有数の金鉱山といった重要な地下資源が，中央アジア諸国を含むカスピ海周辺に広がっている。しかしこうした資源の利用には，採掘のために大規模な投資を必要とするばかりか，その精製・加工を行う地域を経て，さらに世界的な消費市場まで輸送しなければならない，という問題がある。

しかし，たとえばロシアは，海洋法に関する1982年の国際協定をカスピ海に適用することを拒んでいる。むしろ1921年と40年のイランとの協定が沿岸10マイルの漁業権を認めたことを，他の分野にも拡大しようとした。自主開発に積極的なアゼルバイジャンのアリエフ大統領を辞めさせようとしたが失敗し，最近（1997年）ではカスピ海を連邦から独立した諸国家の利権として認めないよう，沿岸諸国会議を開いて，共同利権の形でロシアの影響力を行使する妥協案を出してきた，一方，沖合油田の開発プロジェクトに外国資本導入と国際的な支持（特にアメリカ）を得るため，アゼルバイジャンやチェチェンまでもプロジェクトの売り込みを熱心に進めている。

採掘に必要な資本を出せるのは，少数の国際石油資本とそれに協力する銀行，資源確保に積極的に取り組む豊かな先進工業諸国の政府である。他方，輸送に

必要なのは，石油を港まで運ぶパイプラインや鉄道，道路などのインフラ整備と，通過する関係諸国との交渉，通過税，タンカーに船積みする港湾設備と国際海運会社，国際金融都市で提供される貿易信用や保険，などである。そして最終的にその価値を実現するには，精製・加工技術とそのプラント設備を持つ会社，世界各地に点在するその所在地とそこを管轄する国家，最後に消費国内における流通・小売業（ガソリンスタンド網）など，世界的規模の関連が必要である。

　当面の最優先課題として，いくつかのパイプライン建設計画がある。それらはロシアの影響力を残す形であれ，それからの自立を目指すものであれ，アメリカ資本とロシア政府の圧力を軸に，多角的に交渉が続けられている。この地域における最近の契約に見られる傾向として指摘されるのは，まず先行的に資本を投下して権利の確保を優先する（リスクを抑えるために複数の国際資本が提携して参加する），パイプラインの完成を待たずに受け入れ国と開発契約を締結する（鉄道やトラック，黒海やボルガ河の水上輸送などを利用して周辺諸国に販売し，維持費用を部分的に回収する），イランやアフガニスタンなど，他のいくつかの輸送経路を同時に開拓する，ロシアの石油会社とも提携し，ロシア国内で販売する，などである[10]。

　自分たちがすでに開発した油田が枯渇することを恐れて，アメリカ資本が最も活発な投資を行い，それに対してロシア外務省は神経をとがらせている。しかし，苦しい外貨事情に迫られて，最近ようやく石油資源への外国投資も積極的に誘致し始めた[*]。一方では国家が，他方では国際資本が，領土と利権を求めてカスピ海沿岸を分割・再分割しつつある。この地域の複雑な政治経済構造においては，大国間の勢力均衡と国際体制の秩序維持機能を，援助と国際投資の網の目が縫い込むように広がることで，ようやく将来の発展につながるという希望を見出せる。

---

[*] 現在では，石油価格の上昇と巨額の外貨準備，チェチェン紛争への軍事介入などを背景に，ロシア政府の強硬姿勢が目立っている。

直接投資と国内政治

　中央アジア諸国の訪問を終えた後,モスクワ科学アカデミー経済研究所での意見交換において,私たちの調査団は,ロシアおよび旧ソ連邦諸国の連携を問いかけた。移行経済が抱える共通の問題を,彼らが共有する交通・運輸網や技術的基盤,また相互に補完的な経済構造に配慮して,世界市場への調整を進めるのが当然重要であると考えたからであった。現実の市場規模や管理能力から考えて,ロシアの積極的関与なしに,中央アジア諸国が単独で経済の再建に成功するのは非常に難しいと思われた。

　しかし,彼らの答えは意外なほど冷淡で,否定的なものであった。そこにはいろいろな理由が考えられる。たとえば,資源豊富とはいえ国内経済の混乱に苦しむロシアが,これ以上,貧しい辺境地域に投資する余裕はない（むしろ国際価格で西欧諸国やアメリカ,日本に売りたい）といった無関心,ソ連時代の政治的な統合主義の不毛さとその今日にまでおよぶ軍事的拡大主義への嫌悪,民族的に複雑で,政治的社会的にも自分たちとは違う（「遅れた」）地域に関わることへの反省,などがあるだろう。

　その際,ミリネル第一副所長が次のような興味深い発言を行った。すなわち,ロシアは国家間の関係として中央アジア諸国の地域統合支援に向かうのではなく,むしろ公的関与を避けて,全CISレベルで超国家企業による国際資本統合を推進するべきである。そのために,たとえば,CIS内の法人設立を共通化することが重要だ,と。

　そのような意見は,自らも移行期の混乱と国際援助・融資による制約を受け入れたロシアが,これまでのような援助供与能力を失ったことを表明したものである。同時に,連邦規模の社会的公平性という目標を放棄し,個別企業レベルでの連邦内分業体制の再生と拡大,中央アジア諸国内での選別,域内ロシア人への影響力利用,を意図したものであると感じた。ロシア企業は,アメリカの多国籍企業がカナダやメキシコで行っているように,より「自由な」企業活動を保証する地域を望んでいる。*

　しかし,国民を犠牲にする途方もない富の集中と財閥支配が,いつまでも続くだろうか。このまま国民の不満が放置されれば,旧ソ連圏の行き着く先には

いくつかのシナリオが考えられる。[11]

① 中央政府への信頼低下と無政府状態の拡大・地域分断化
② 国際資本と協調する政財界の少数独裁者による強権的開放体制
③ 国民の不満を吸収するポピュリズム政党の拡大と保護主義
④ 軍部と新興財閥との協調による閉鎖的管理体制の復活

IMFや先進資本主義諸国が支援するのは，当面このシナリオ②であり，シナリオ①や④だけでなく，シナリオ③への転換も回避したいと考えるであろう。今のままでは，政府が一定の国民的合意を維持できる地域では，②と③のシナリオが一定の周期で交互に強まるのではないか。その場合でも，直接投資はシナリオ②へ向かうことを促す。また，各地域において，直接投資が企業間の国際的連携を域内で強固なものにすれば，シナリオ③の場合にもその保護主義を緩和し，開放的な競争戦略を選択する国内勢力の結成に至るであろう。その意味で，直接投資の増大は先進諸国の国際戦略にとって非常に重要である。

政府の財政赤字を肩代わりして，インフレによる国民への負担増加を代行することで富を集中してきたソビエト連邦解体後の私設「銀行」の時代は，国際的支援と国内緊縮政策が続けられて経済が安定化するならば，終息に向かうだろう。政府債市場に投資して売買するばかりで，本来の銀行業務を知らない多くの「銀行」は，ますます投機的利益に走り，結局，中央銀行の規制と預金者による選別により消滅するに違いない。一方で少数の全国規模の商業銀行が形成され，他方，企業グループの核となる産業投資・系列融資を主として行う銀行が生き残る，と指摘された。[12]

将来に向けて市場による構造調整が成功するには，そのコストを負う社会の公平性と，歴史に依拠し将来に向けられた一体感が必要である。冒頭に述べた援助の必要性を再び評価するなら，先進諸国や国際機関からの援助は以下の三

＊ 当時の経済・通貨の混乱を利用した投機業者による銀行設立と，インサイダーによる国営企業の買収・合併は，ロシアだけでなく，旧ソ連邦全体に広がる企業連合，資本統合を加速している。ロシアのガスプロム社は，トルクメニスタンの天然ガス販売や石油採掘に資本参加している。また，ロシア企業50社が，ウズベキスタン国有鉄道と中央アジア・ホールディング社を設立し，ペルシャ湾におよぶトランス・アジア鉄道網の運営を目指している。日本貿易振興会『ジェトロ白書・投資 変世界と日本の海外直接投資1997』1997年，参照。

つの意味で重要である。

  A）　国内の社会的不平等と生活困窮者の不満を緩和する。
  B）　市場に依拠した経済構造の再編成を可能にする制度的枠組みの国際的構築を促す。
  C）　相互の直接投資による世界市場への積極的・多角的統合を可能にする。

　他方，同じ援助や直接投資でも，国際資本による資源争奪と結びついた列強諸国による干渉・影響力の拡大は，地域協力と国際平和を脅かし，中央アジア諸国の発展を今後長期にわたって阻害する不安定要因となる。

結び——中央アジアの苦悩

　中央アジア地域は，人口増加や水資源の枯渇により農業の一層の拡大は限られている。そのため，工業製品輸出に成功しない限り，石油などの資源輸出と何らかの変動相場制度を通じて，先進資本主義諸国の経済に結びつくだろう。資源豊富な諸国は，輸出による外貨収入を国内や地域内の農産物や工業製品の購入に支出することで地域経済全体の成長を可能にする。しかし域内産業の低迷と低品質，設備の老朽化などが，活発な資本流入や資源輸出による通貨価値の上昇も手伝って，域外からの輸入に依存する傾向を強め，一握りの輸出部門と金融部門が繁栄するだけで，国内産業は衰退に向かう危険がある。積極的な域内市場の形成，産業育成，農業保護と近代化投資を，政府は政策的に指導しなければならない。

　しかし多くの共和国では，経済改革についての論議が民族主義勢力とイスラム原理主義勢力による政治的な反体制運動の高まりにすり替えられ，あるいは歪曲されている。アジアからイスラム圏におよぶ，またヨーロッパやインドへ通じるこの広大な砂漠に，都市国家として混じり合って住み続けた彼らが，突然，民族国家に分断され，モスクワからの放射状支配に組み込まれた。それが再び国境だけ残して消滅したのである。各地で急速に現れたのは，飲み物やカセットテープ，衣料，下着などを並べた露店の列，共産党のバッジ，勲章などを手に持って通りで立ち続ける人々，肉や野菜，そして大量のスイカを積み上

げたリヤカーなどと，それを買いに来る人々の集まるバザールであり，壮麗なモザイクを施したイスラム寺院・学校であった。

　専門技術者や官僚として都市に住む多くのロシア人と，ロシア語を話すエリートたち，共産党や企業の幹部たちは，モスクワへの求心力を隠さない。他方，抑圧されてきた民族主義者やイスラム教の指導者たちは，既存の支配構造に断じて満足できない。カザフスタンでも，ウズベキスタンでも，官製の愛国主義や汎ウズベク主義などが唱えられている。他方，トルクメニスタンのニャゾフ大統領は，いたるところに自分の肖像画を掲げさせ，警察国家と統制経済を手放す気などまったくないようだ。民族も，国家も，ここでは砂漠の蜃気楼のように際限なく，つかみどころがない。

　2週間の旅の中間で，休憩のためにサマルカンドを散策した。出発までの空いた時間，他に客などいないウズベキスタン・ホテルのレストランに入り，お茶をたのんだ。一杯10スム。夜の舞台を練習する少女たちを眺めていると，テーブルを整えて回っていた少年が微笑んでくれた。ふと，一人旅の気分になって，この地に暮らす人々の不安を改めて思った。この街の静けさや砂漠の青空は，むしろ，失われた自分たちの過去の労苦に対する悔しさと怒り，そして今にも落ち込みそうな無秩序への絶望や恐怖を表しているのではないか。

　体制転換や市場の構造変化に人々の生活が翻弄されてはならない。国内に民主的な秩序を構築し，それぞれの社会に合った市場制度の定着を図るべきである。経済の安定化が生産的投資と雇用増大に結びつくように，国際機関からの調整融資と，社会的弱者救済や移行のための援助が，各国政府の包括的な再建プランに積極的に組み込まれる必要があるだろう。

　合理的な構造調整を組み込んだ世界市場と社会体制の移行に関する理論が，移行過程の二重の構造調整を越えて，各国に活力をよみがえらせる方策を提示しなければならない。[*]

---

[*]　グローバリゼーションの時代には，共有された選択的公共政策・文化的価値・歴史観・将来世代への信託が，調整コストと世界的な構造調整過程に影響する。「社会主義」や「帝国主義」のさまざまな模索も，レイシズム（人種差別），ナショナリズム，狭義のイデオロギーから切り離して，政策として比較・検討する必要がある。拙稿「移行経済における二重の構造調整：ショック・セラピーをめぐって」『社会科学』（同志社大学人文科学研究所）60号，1998年2月，参照。

第2章　中国経済の考察
——上海・蘇州・無錫・北京[1]

はじめに

　急速に変化する中国経済について実際の感触を得たいと思い，上海・蘇州・無錫そして北京を10日間で足早に訪問した。自動車の洪水，住宅建設と投機的な価格上昇，消費ブームに沸く上海と，開発区や投資優遇政策，地方からの労働力流入をテコに，沿海部のブームが波及しつつある周辺地域，そして，こうした中国経済の離陸に対応した社会・政治制度を模索する全国人民代表大会が開かれている北京を，私は垣間見た。

　上海で宿泊したホテルのTVは，イラクに関する国連決議の様子を中継していた。あれから1年を経て，人民元の切り上げ問題や米中間の貿易摩擦が国際交渉のテーマに上がっている。イラクの占領政策が混乱し，ITバブル破綻後の大幅減税が十分な雇用創出をもたらしていないことに焦ったアメリカのブッシュ大統領が，2004年の大統領選挙を意識した景気刺激策の一環としてドル安容認政策を進めたからだ。

　塩川財務大臣からアメリカのスノー財務長官，そしてG7にも波及した人民元切り上げ要請は，中国の急速な成長を自国産業に対する追い上げや脅威と見る人々から強い支持を受けている。しかし逆に，ナイム（Moises Naim）は，中国が破局を免れるのは奇跡に頼るしかない，と断言した。これほど急速な経済成長が市場の自由化を伴い，政府の管理能力を損なっている以上，既存の政治システムは問題を処理できなくなる，と考えたからだ。「10年以内に中国が政治的な危機に直面するのは確実であって，問題は，それがいつ，どのように

して起きるか，だけである」。

ナイムが例にあげたのは，都市化，道路，水道，電気，などの問題であった。急速な成長は，こうした社会インフラを整備する既存の政治システムに限界があることを人々に痛感させ，不満を蓄積する。また，都市に集中した成長は社会的な弱者に不平等な分配を強めている。その結果，経済改革を加速しながら政治的には「漸進主義 gradualism*」を維持することが難しくなる。WTO加盟や資本取引の自由化，人民元切り上げ圧力も，既存の政治システムではなく，もっと市場に依拠したシステムであった方が政治的に処理しやすいはずだ，とナイムは主張する。

共産党の一党支配が，市場による経済的格差や社会的不満を，政治的な形で集中する一種のダムのようになってしまう。これまでは，人々の不満を解消し，富や権利の再分配を組織することで，政治システムは正当性をプールしてきた。内陸の農村部に住む8億人が都市の平均所得のわずか15％しか稼げない状況では，自由化による競争激化と都市化を伴いながら，雇用創出のために7％以上の成長を維持することが至上命題である。しかし，人民元切り上げや不良債権処理のための金融改革が2008年の北京オリンピックまで先送りされた場合，その後，バブルが破綻する可能性がある。そうなれば，現在の政治システムでは，人々の不満をせき止められないだろう。

以下では，成長を主導する中国沿海部の活況とその波及，そして静かに，しかし劇的に変身を模索する北京の政治舞台について考察する。

1　上海——消費ブームと投資ブーム

欲求の解放

中国では，もちろん，鶏の心臓やかかと，アヒルの水かき，豚の睾丸，蛇の揚げ物，青い蛙，そして虫……など，中国人の食文化や習慣に改めて驚いた。上海のバンド（外灘）をライトアップして観光名所とし，対岸は宇宙コロニー

＊　95頁の脚注を参照。

表1 都市家庭100戸当たり耐久消費財保有台数

商品名	1985年	1990年	1995年	2000年	2002年	2005年
洗濯機	48.29	78.41	88.97	90.52	92.90	95.5
冷蔵庫	6.58	42.33	66.22	80.13	87.38	90.7
カラーテレビ	17.21	59.04	89.79	116.56	126.38	134.8
カメラ	8.52	19.22	30.56	38.44	44.08	46.9
携帯電話				19.49	62.89	137.0
エアコン	0.08	0.34	8.09	30.76	51.10	80.7
パソコン				9.72	20.63	41.5

(出典) 21世紀中国総研編『中国情報ハンドブック 2006年版』蒼々社，2006年，364頁，より。

表2 農村家庭100戸当たり耐久消費財保有台数

商品名	1985年	1990年	1995年	2000年	2002年	2005年
洗濯機	1.9	9.12	16.81	28.58	31.80	40.2
冷蔵庫	0.06	1.22	5.15	12.31	14.83	20.1
カラーテレビ	0.8	4.72	16.92	48.74	60.45	84.0
カメラ		0.7	1.42	3.12	3.34	3.7*
携帯電話				4.32	13.67	50.2
エアコン			0.18	1.32	2.29	6.4
パソコン				0.5	1.1	2.1

(出典) 同上，366頁，より。ただし，＊は2004年のデータ。

のような高層ビルとタワーを林立させても，国中の都市が開発区を設けて外資を奪い合っても，彼らの旺盛な食欲はまったく揺るがないように見える。一般の物価は安く，人々の所得が増えるにつれて，街には豪華な百貨店や巨大なレストランが建設され続けている。そのどれもが，週末は，客の注文や予約をさばききれない状態だ，と聞いた。

競争はますます激しくなる。中国にさえ行けば何でも売れる，というのは間違いで，安くすることだけなら，すでに地元の企業が勝っており，百貨店も安売り競争を繰り返す。インタビューした日本企業の総経理（日本企業の社長に当たる）は，今から進出してくる中小企業に強い懸念を示した。中国に進出した日本企業の価格と品質は，中国企業だけでなく，韓国や台湾の企業にも脅かされている。地元の労働者の熟練と勤労精神とが，日本の工場をすっかり駆逐

し、日本では工業地帯が遊園地かゴルフ・コースになる以外、原野に戻っても仕方ない……!? そんな印象を受けた。

それはどこまで真実なのか？ 中国は広大で多様であるため、その姿は、象のしっぽどころか、巨大な竜のうろこをほんの一枚のぞき見るのさえ難しい。また社会変化は、経験と概念を鍛えることでしか感得できない独自の質を含む。中国の変化が何であるかは、既存の説明を試みると同時に、新しい社会的想像力を駆使しなければならない。

消費・投資・輸出の好循環と生産性上昇

消費や輸出の急速な増加に刺激されただけでなく、また、それを可能にもした中国の生産能力の急激な拡大は、直接投資を含む国内の投資によって実現した。一時的に激しいインフレはあったが、その拡大が止まることはなかった。それは、外国企業が競争して投資し、新しい技術を含む生産力を移転・集積したからである。同時に、物資や労働力を急速に中国国内で、また海外からも吸収した。

中国の沿海部では積極的に交通網が整備されてきた。高速道路、鉄道、運河、空港など、都市間の市場が緊密な統合化を日に日に実現している。それゆえ競争はさらに厳しくなり、生産者間の淘汰も進むだろう。上海の市街地でさえ、時折、塀で囲われたまま放置されたような国有企業の建物を見た。上海の通りが輝いているのは、美しい商店街や豪華なレストランが軒を並べる地域が拡大しているからだ。それと同時に、一歩通りを入れば、歩道に雑然と椅子や机を並べる小さな食堂が立ち並ぶ。あるいは、さまざまな雑貨や食材を商う露天や行商人が車道まで占領する。こうした「二重経済」は、急速に発展する地域にしばしば現れるものである。

中国では、北京や上海のような大都市の道路を、自動車が人をよけるように走る。青信号でも、曲がってくる自動車の間を、縫うように人が渡る。まるで

＊ 「香港に近い中国大陸のベルギーほどの土地が、珠江デルタとして、毎年、100億ドルの輸出を行い、10億ドルの直接投資を吸収する。3000万人が働くが、毎日、もっと北の農村から、列車がさらに多くの労働者を連れてくる」。D. Roberts and J. Kynge, "The New Workshop of the World," *Financial Times*, February 3, 2003 参照。

歩行者のように自転車は走るが，自転車のように自動車も人々の隙間を探して割り込む。この雑然とした交通を整理するために，また，皮肉な見方かもしれないが，一種の失業対策として，交通整理やマナーを教える指導員が大都市の交差点に配置されていた。自動車はすでに道路に溢れ，新しい道路の建設が追いつかない。都市の交通ルールを，どのようにしてこの膨大な新しい参加者たちに教えるのか？　中国の成長は，ますますこうしたボトルネックの解消に依存する。

　上海の黄浦江にかかる巨大な橋も，朝夕は渋滞でなかなか渡れない。橋を渡ると，浦東地区の幹線道路沿いは住宅建設ラッシュである。日本円に換算して何千万円も，1 億円以上もするマンションが次々に売れてしまう，という。土地は国家のものであり，農民は十分な補償をもらって新しい住宅に移る。地方政府は歳入を増やし，ブームを維持する限り，誰も損をしないのだろう。しかし，銀行部門が抱える不良債権が増加することを心配して，政府は不動産向けの融資を抑制し始めている。

　それはバブルではあるが，単に投機的な資産の膨張ではない。レストランから女性下着店まで，上海では活発な消費を促す商店の華やいだ飾りつけを見た。都市の中産階級は確実に増加し，彼らはさらに高度な消費を求めている。同時に，地方からの労働者の流入が続き，彼らは賃金や物価の上昇を抑制するだけでなく，建設労働者としても，消費財や住宅の最終消費者としても，投機的な投資の底辺を支えている。

　中国共産党の第 1 回大会を記念する建物の近くには，超近代的なディスコやパブが集まって，外人観光客や若者たちが集まっていた。私は上海バンド（外灘）を見物し，上海博物館も観た。共産党が日本の植民地支配と戦ったころ，戦争に苦しむ飢餓状態の人々の写真が，記念会館に飾ってあった。独立から現在まで，西洋文明や資本主義を拒んできた人々が，豊かになることや貿易の利益を再び肯定し，自信を持つようになった。

労働者の移動と保障

　閉鎖された工場を町の中や農場に見かける。そこで働く労働者はどうしたの

か？　彼らは，最低限の生活を保障されている。贅沢はできないが，仕事がなくても生活できないことはない，という。なぜなら物価は安く，少ないけれども給与があり，住宅もあるのだから。しかし，多くの労働者は郷鎮企業や外資系企業に働きに出て，新しい，より高い所得をもたらす職を探す。

　上海の繁華街に近い，瀟洒なビルの建設現場には，目立たない程度の労働者がいた。建設労働者の宿舎は，現場周辺に建てられており，地方から来た労働者が働く。しかし，都市へ流入する労働者が増えているため，市ではその雇用を制限している，と聞く。また建設労働者は，解体した家から，残された家財道具や木材などを得て売ることもできるから，非常に安い賃金で働く，とも聞いた。

　農村からの出稼ぎ労働者は，戸籍によって管理されているために，都市での雇用を制限されている。しかし，1億5000万人から2億人の農村人口が，潜在的な移民労働者として，沿海部への出稼ぎを望んでいる，と推計される。[3] 彼らが中国の成長を支え，インフレを抑制する。そして，彼らの社会的上昇を実現できるなら，中国の激変は必ずしも社会の不安定化を意味しない。**

　黄浦江の渡し船に乗った。往復で1元（1元は約18円）（片道5角）だった。対岸では，船から降りてくる乗客を待って，タクシーと同じ原理の，より安く，身軽な，賃走バイクが停まっていた。また，乗客に温かい食べ物を売る，小さな屋台もいくつか立っている。こうした路上の飲食店は，法律で禁止されているようだ。上海だけでなく，どこの地方都市でも，人通りがあれば，必ず小規模の露天が集まってくる。彼らは，警察が来ると，すぐに店をたたんで逃げる。警察も，彼らを完全に追い出すわけではない。実際，何の資本もなく，始められる商売と言えば，こうした路上の飲食店や商店しかない。都市部のインフォーマル・セクターこそ，彼らに貴重な収入の機会を与えている。

＊　郷や鎮という地方行政府が行う集団所有制の企業。
＊＊　人口移動が増加したことは，中国の改革が進んだことを示している。しかし，都市における外来の底辺労働者に対する差別的な扱いを「アパルトヘイト」「奴隷労働者」として批判し，スラム化や犯罪，社会不安につながる，と見なす意見も強い。D. Lague, "The Human Tide Sweeps Into Cities," *Far Eastern Economic Review*, January 9, 2003; "Unpaid Workers: Does China Have 10 million Slaves ?," *The Economist*, February 1, 2002; E. Eckholm, "Tide of China's Migrants: Flowing to Boom, or Bust ?" *New York Times*, July 29, 2003 参照。

上海の成長は，何よりも，そのスーパーマーケットに示されていると思う。かつて，社会主義は「不足の経済学」として分析されたが，上海のスーパーには，広いフロアーに食べ物がふんだんに山積みされていた。その光景だけ見れば，アメリカ式の飽食，と呼びたくなる。また高速道路をバスに乗って走れば，大きなトラックの荷台に生きたブタがすし詰めで運ばれているのを見る。消費生活の充足を目指した社会変化を，政治的な論争やイデオロギーだけで逆転することは難しい。

魯迅公園と記念館・故居

　早朝の魯迅公園では，太極拳から社交ダンスまで，さまざまな集まりが場所を取っていた。老人は入園無料であるが，私は外人観光客なので，公園の入り口で料金を支払った。ジョギングや体操に励む人々もいるが，路面に水で習字する人もいた。それは主に中国の有名な詩を書いているだけだが，中には社会に対するメッセージを持つ場合もある，という。

　上海を去る前に，私は魯迅故居と記念館を訪ねた。その近くに日本租界もあったらしく，日本式の住宅や郵便ポストがあった。こうした住居には今でも人々が住んでいる。通りに共産党のスローガンや壁新聞を捜したが，一箇所で見かけただけだった。細い通りの奥に横断幕があったけれど，目立つものは何もなかった。魯迅故居は，ガイドブックで紹介されているほど，近くに表示もなく，特別な案内はなかった。入る前に，私は隣の事務所に声をかけて，鍵を開けて入れてもらった。それはイギリス風の3階建て集合住宅で，彼の小さな書斎やベッドを見学した。

　魯迅は「社会が病的であるなら，文章もそれに応じて病的であるしかない」と主張し，近代文学運動を興した。彼は1936年に亡くなったが，今また，激変する中国社会を見るとしたら，もう1度，革命を求めるだろうか？　すでに社会は劇的に変わり続けているから，むしろ文学がそれに追いつき，人々の苦しみや社会の歪みに，真実の言葉を与える必要がある，と思うのではないか。中国各地に，何千，何万という魯迅がいる。

2 蘇州——ブームの波及

鉄道の旅と「黒い人々」

　上海から蘇州，そして無錫への移動は鉄道を使った。上海の駅は広大で，待ち時間を階上の大きな部屋で過ごす。列車が到着すると，構内へ降りる階段へのゲートが開く。待っている間，私たちはジュースを買ったり，出入りする列車を眺めたりして過ごした。部屋の中は，ほとんどの座席が埋まるほど一杯で，とても自分一人では乗れないな，と思った。後で，外国人用の待合室があることに気づく。蘇州まで40分あまり，快適な列車の旅だった。

　列車から農村を見ていて，不思議なことに気づいた。それは農耕のために使う機械や牛馬をまったく見かけないことだった。中国は過剰な人口を農村（そして農業）にとどめるため，機械化はもとより，牛馬の使用も抑制されている，と聞いた。それゆえ農業生産性は低く，都市住民に比べて，農民の所得は非常に少ない。列車から見る農村の風景には，小川か水路に沿って，時折，小さな集落があった。屋根の両端に似たような角(つの)をつけた3戸ほどの集合住宅が建っていた。[*]

　蘇州で鉄道の駅を出ると，まず「黒い人々」に目を奪われた。都市の主要な駅前には，こうした「黒い人々」が集まっている。彼らは着ている物も，持っている荷物も，顔や手足も，一様に黒く見えた。何のために駅前に集まっているのか，見ただけでは分からない。そのまま駅前で野宿しているようでもあるし，同郷人や雇い主を待っているようでもある。彼らの表情は硬く，どちらかといえば虚ろで，中には不安な，悲しそうな眼をした者もいた。彼らは，決して騒いだりしない。いたるところに荷物を置いて座り込み，何かを待っていたようだ。

　地域・通貨統合論は，ある地域の不均衡が価格と生産量，要素の配置をどの

---

[*]　計画経済の下では，労働力の移動が厳しく制限され，機械化によって農村の過剰人口を流出させることはできなかった。1999年でも，小型トラクター，電動脱穀機，大中型トラクター，トラックの普及率は，農家100戸あたり16.3台，8.4台，1.4台，1.1台にすぎない。厳善平『〈シリーズ現代中国経済〉2　農民国家の課題』名古屋大学出版会，2002年，16-17頁。

表3 各輸送手段の敷設距離(万キロ)

年	鉄道	道路	高速道路	内陸河川	民間航空	パイプライン
1980年	5.33	88.33	-	10.85	19.53	0.87
1990年	5.78	102.83	0.05	10.92	50.68	1.59
1995年	6.24	115.70	0.21	11.06	112.90	1.72
2000年	6.87	140.27	1.63	11.93	150.29	2.47
2002年	7.19	176.52	2.51	12.16	163.77	2.98
2005年	7.54	193.05	4.10	12.33	199.85	4.40

(出典) 財団法人日中経済協会『中国経済データブック 2006年版』財団法人日中経済協会, 2006年, 77頁, より.

表4 貨物回転量(億トン・キロ)

年	総貨物量	鉄道	道路	水運	パイプライン	民用航空
1980年	12,026	5,717	764	5,053	491	1.4
1990年	26,207	10,622	3,358	11,592	627	8.2
1995年	35,909	13,050	4,695	17,552	590	22.3
2000年	44,321	13,771	6,129	23,734	636	50.3
2002年	50,686	15,658	6,782	27,511	683	51.6
2005年	80,257	20,726	8,693	49,672	1,088	78.9

(出典) 同上.

ように変えるか, が主要なテーマである. 中国は広大であるから, かつて各省や各県が, 互いに異なる国のように, 高度に自給自足的な経済を営んでいた. 深圳や上海市が急速な成長を実現するにつれて, その影響は周辺地域にさまざまな形で波及したはずである. それは価格差(あるいは資源の奪い合い)を生じ, 周辺地域からの物資や労働者の流入を促したと思う. あるいは, 都市部の地価や公共料金, 賃金が上昇することによって, 成長地域から周辺部への投資, すなわち企業移転が増加したであろう.

この地域を鉄道や長距離バスで移動してみると, 物資や人が大量に移動していることを実感できる. 特に長江デルタにおいては, 2010年の上海万博が政治的な目標となって, 高速道路の建設が急速に進められている[*]. こうして, たと

---

[*] 「長江デルタ15都市は旅客の90%, 貨物の50%を道路に依拠しており, 最も重要な手段は高速道路である」. 蒼蒼社編集部編『上海経済圏情報』蒼蒼社, 2003年, 36頁.

えば蘇州は，上海がしだいに都市的なサービス部門を拡大するにつれて，それに対応する形で，工業部門を拡大していった。特にその開発区には，台湾系を中心に，電子企業が1000社以上も集積しているという。

世界遺産国際会議と輪タク

蘇州では，2003年に開催される世界遺産国際会議のために，大きな道路工事が行われていた。ホテルまでの道路が渋滞しており，タクシーはそれを嫌って私たちの乗車を拒んだ。そこで，近くにいた輪タク（人力車・三輪車）の運転手と交渉し，25元でホテルまで乗せてもらうことになった。巨大なトラックや多くのタクシー，歩行者の間を縫って，輪タクは果敢にホテルまで私たち二人と重い荷物を引いて走ってくれた。

翌日も，有名な蘇州の庭園やパゴダ（仏塔）を見て回る移動手段として，私は輪タクを何度も利用した。ある労働者の話では，蘇州の輪タクは約560台あり，それらは公認されたものである，ということだった。1カ月に登録料として600元を支払い，自分の収入は800元から1000元程度である。外地の農民が出稼ぎ労働者として輪タクを営業する場合もある。無認可の輪タクも200台ほどあるだろう，と話していた。[*]

私が宿泊したホテルは大変豪華で，輪タクの運転手に申し訳ない気がした。そして，万博や世界遺産による観光開発で，蘇州の旧来の住民が本当に豊かになれるか，分からないと思った。大きな道路工事は，混みあった小さな住宅を一掃するが，観光で雇用される人数は限られている。世界的な水準のホテルや道路が整っても，利益は住民に還元されにくい。

---

[*] ある運転手は，彼が輪タクの運転手になった理由について，自分の漁村で十分な魚を獲れなくなったが，政府は何もしてくれない。しかも，一人っ子政策に反して，子供が3人もおり，それぞれに罰金を2500元も支払わねばならなかったからだ，と話していた。

3　無錫——開発区と地方政府

開発区による直接投資の誘致

　企業の直接投資先を比較した資料によれば，無錫にある開発区（無錫国家高新技術産業開発区）の土地購入代価は1平方メートルあたり12〜15USドル，賃貸の場合，1平方メートルあたり年間0.72USドル，とある。電気，水道，排水施設，通信システム，が比較され，給与水準も，一般工は月額600〜900元，エンジニアは月額1200〜1500元，管理職は月額1200〜2500元である。

　無錫が積極的な企業誘致によって成長を実現したことは，案内してもらった駐在員家族のための施設にも示されていた。外国人駐在員のための集合住宅をはじめ，高級ホテル，レストランはもちろん，外資系のスーパーマーケットなどもある。豪華な温水プールや室内のパット・ゴルフ場，スヌーカー（玉突き），スカッシュ，子供のための遊び場などを見学した。一定額以上の投資をしてくれた企業の社長とその家族などに，それらを利用できる会員証が交付され，無料でサービスが提供される。もちろん，彼らは招待客や友人を連れてきて，ここで歓談するわけだ。[4]

　私が無錫で最も関心を持ったのは，京杭運河に浮かぶ，限りないほど続く運搬船であった。それらは多くの船が砂利や木材，その他，多くの物資を積んで，運河を行き来していた。それは，この地域がさまざまな建設工事に沸いていること，その繁栄が地域に波及していることを示していた。また開発区を歩いて，道路（その他のインフラ）と官庁の建物が立派なことに驚いた。「蘇南モデル」と言われる，地方政府と郷鎮企業，外資が協力する経済発展のモデルは，こうした先行的インフラ整備や潤沢な地方財政として示された。

　もし労働者だけでなく，土地や資本も中国で格段に安いなら，結局，何でも日本より中国の方が作りやすいのではないか，と不安になる。最新の技術を得て，十分な教育を受けた労働者が利用できるなら，物を作るという意味では，中国に世界有数の資本家たちが急速に登場することを，誰も止められない。

　何が，彼らの拡大を制約するだろうか？　一般に考えられるのは，①生産過

剰とデフレ，②貿易摩擦，③先進技術の導入による国内市場の独占化，④所得格差と政治的・制度的硬直化，⑤さまざまなボトルネックとインフレ，⑥為替レートの切り上げもしくは金融の不安定化，⑦資源・エネルギーの枯渇，⑧労働力の枯渇・賃金上昇，などである。19世紀から20世紀への転換期にも，技術革新の波及や国内市場の飽和を背景に，世界各地で（しかし地域に偏った）長期不況と「帝国主義」のイデオロギーや政策が現れた。同様に，中国では，国内市場の拡大，すなわち農民や底辺労働者の所得上昇と，国内産業の競争による弾力的な資源再配分が，そして世界では貿易摩擦の解消や産業再編成が，重要な課題となる。

過剰投資とインフレ・デフレ問題

　蘇州や無錫では，賃金上昇が問題になっていなかった。むしろ，雇用を増やしたい地方政府は地元の企業を助けて，直接投資を奪い合う。さまざまな優遇策を与えた開発区を競争的に設けて，地域の成長が実現すれば，それは地方政府に財源をもたらす。無錫市錫山区港下鎮の人民政府を訪れた。開発区を成功させた地方政府の建物が非常に立派なことを実感した。

　新しい開発区は，事実上，生産のための用地とインフラ，工場，そして労働者を提供して，外国からだけでなく，競争の厳しくなった従来の開発区からも，もっぱらコスト高を理由に流出する投資や雇用を奪ってくると思う。大手の企業が開発区に進出すれば，その下請けや中小の関連企業は，コストだけでなく，生産の緊密なネットワークから外れないように，開発区やその周辺地域で，こうしたカプセル型の生産拠点を設ける。

　中国の食文化では，およそあらゆるものが食材になる，と言われる。経済を見ると，デフレとバブル，不良債権，貿易摩擦，人民元切り上げ，農村の疲弊，所得格差，労働者の都市流入，社会資本の不足，建設工事，など，あらゆる課題が並存している。中国のインフレ問題は，不動産バブルだけでなく，人民元の固定化を維持する介入や，物資の輸入と輸送におけるボトルネックについて，すでに懸念されている[*]。

　調査に向かった頃（2003年3月），日本でも中国でも，デフレ問題が注目さ

れていた。日本でデフレの原因として議論された要因は，バブル破綻後の不良債権処理と銀行の融資抑制，企業の債務返済，消費者へのマイナスの資産効果，デフレ期待による購入延期，円の為替レート水準（円高），中国からの安価な輸入品増大，人民元の為替レート水準（過小評価），バブルの時期の過剰投資と過剰生産設備，企業・投資・雇用の海外（特に中国への）流出，金融政策の失敗（引き締めすぎ），などであった。他方，中国ではもっぱら，過剰投資・生産設備による過当競争，WTO加盟やインフラ整備によって強まった国内の市場競争，などが指摘された。

もし中国がその過剰生産物を輸出に向ければ，貿易摩擦が激化する。「中国はデフレを輸出している」という非難が日米欧の諸政府から起きて，G7でも人民元の弾力化，すなわち事実上の切り上げが求められた。あるいは，①中国自身が高い成長を持続し，急速に豊かになった消費者の外国製品に対する需要で輸入を増やす，②為替レートを固定するための外貨準備の増加が金融緩和を強め，国内のインフレによって実質的な為替レートの調整を行う，最後に，③不動産のバブルや投機的な株式や外貨の売買を抑えるために，金利を引き上げて為替レートを弾力化する，ことが予想される。

それは日本やアジアが金融混乱を招いたシナリオとよく似ている。為替レートを国際競争力が確保できる水準に固定し，直接投資を受け入れて輸出部門が生産能力を拡大するにつれて，外貨準備が増える。しかし貿易相手国，特にアメリカとの摩擦により，内需を刺激する金融緩和やなし崩しの貿易・金融自由化，そして為替レートの調整を繰り返し迫られるだろう。中国の金融市場は未発達であり，銀行部門は国有企業に対する不良債権をすでに大幅に保有していると推測される。その結果，デフレとバブル，インフレが同時に心配され，為替レートと金融部門について，不安が高まっている。**

---

*　鉄道ではなく，高速道路とトラック輸送に偏った開発区は，輸送量が飛躍的に伸びれば，道路の渋滞や港湾施設の積み降ろしで時間とコストを費やし，インフレや成長鈍化を招く。K. Bradsher, "A Logjam for Transportation in China," *New York Times*, March 5, 2004 参照。

**　こうした問題を樊綱は指摘し，しかも改革の継続によって解決できる，と主張した。樊綱『中国——未完の経済改革——』岩波書店，2003年，第7・8章。なお，人民元の切り上げに関する報道は大量にある。たとえば，*International Economy*, Spring 2003 に「中国の通貨，人民元は過小評価されており，世界経済の脅威であるか？」という問いに重要な関係者や経済学者が答えている。

4　北京——天安門と人民大会堂

北京の市民生活

　中国の政治の中心，北京でも，その活気を支えているのは豊かになった市民である。1999年に行われた「北京市民のレジャー活動移行調査」によれば，「日頃よく行うレジャー」として，10位以内に，①読書，②ショッピング，④動物園，公園に行く，⑥ジョギング，⑦水泳，などが挙げられる。しかし，「やってみたいレジャー」では，①海外旅行，②キャンプ，⑤1日以上の国内旅行，⑥登山，⑧ドライブ，などが挙がる。[5]

　中国政府が消費を讃美することは，個人の欲望を解放し，その競争的な充足を肯定したものだ。それゆえ，貨幣を得るために，個人の能力や個性を誇示する若者たちが増える。共産党の第1回全国代表大会を記念する建物では，当時の上海の飢餓状態を示す写真に，私は眼を見張った。生きているのが不思議なほどの骸骨となった群集である。人民を封建制や帝国主義の抑圧から解放することが，共産党の目的であった。しかし，個人の欲望を解放することは，社会の内面にまったく異なった変化をもたらすと思う。記念館のすぐそばに，今では，スターバックスコーヒーやディスコなどが並ぶ近代的歓楽街ができていた。コーヒーが1杯30元（約540円）もした。

　天安門広場では，さまざまな革命の記念物を見学するより，私は，楽しそうに歩く北京市民や，革命記念碑を警備する人民解放軍の若い兵士を見ていた。学生も市民も，今は，政治にあまり関心を示さないようだ。同じ意味で，毛沢東廟の人気は，中南海のホテルやレストランに劣り，さらに王府井(ワンフーチン)の百貨店や商店街に渦巻く庶民の熱気と比べようもなかった。*

王府井大街と全人代

　北京の大衆的な繁華街を歩いた。大きな通り全体が歩行者天国となっており，

＊　また，東長安街には大きなホテルや官庁が並ぶが，その玄関には武装したガードマンが立っていた。それは，市場自由化が急激に進んだ頃のモスクワを思い出させた。

その一帯を往復する路上のミニチュア列車も満席で，多くの人々を運んでいた。そこに溢れる人と，商店や商品の数に感動した。日本の繁華街ではもはや経験できない類いの明るさであり，濃密さであった。

　当時，江沢民国家主席は，「三者代表制」という主張によって，資本家の共産党への入党を正式に認めさせた。それは，全面的な民主化は認めないが，資本家層の意見は共産党が政治に反映させる，という姿勢を示したものと思う[6]。旅行中，英字紙を見れば，共産党の政治局が消費者の権利擁護を訴え，さらに消費者が商品や企業を監視するだけでなく，市民として政治的な監視機能も担えるのだ，という解説があった。メディアが政治局員たちの言動を監視し，欠席したり，注意を欠いたりしたメンバーの名を公表した，ともいう。

　全人代は，地方のインフラを整備することを呼びかけ，「団結」「安定性」「調和」などを繰り返し強調した。また，農民の所得を増やすために土地取引を奨励したり，都市への出稼ぎを積極的に保護しよう，と呼びかけたりした。耕作の請負制は土地の細分化をもたらし，長期的な投資を妨げる。出稼ぎによって放棄される土地も増え，政府は土地の売買を促して，より効率的な農業を実現したい，と明言していた。移民労働者も，雇用契約や労働条件で差別されないように，十分な職業訓練が受けられるように，また，その子供たちも都市の学校に入学できるように，地方政府が行動することを求めていた。同時に，1400億元の国債を発行して地方を重視したインフラ投資を行い，財政によっても所得格差の是正を進める，とした[7]。

　全人代で議論されるもう一つ重要なテーマは，汚職・腐敗の追放，であった。地方でも中央でも，共産党の幹部が犯罪に関わるケースが多い，という。警察や裁判所が共産党や地方政府から十分に独立しておらず，地方政府全体が犯罪集団の一部になったり，高位の共産党幹部がその子弟を投資顧問や企業幹部にして，政治的影響力を富に転換することが急速な改革の中で蔓延した，と糾弾されている[8]。

　政府や裁判所は，こうした批判を意識している。政治システムの正統性が根本から揺らぐからだ。そして，中国の歴史は，それを直接行動で示してきた。その意味で，私は中国政府の改革努力を信じたいと思った。人民公会堂の周り，

北京の中心部は交通規制が厳しく，道路は渋滞していた。タクシーの運転手は，それでも以前と比べるなら，政府だけでなく民間を意識して，警察の交通規制は改善された，と話していた。

孔廟と万里の長城

　徳勝門から普通の路線バスに乗って万里の長城に向かった。仕事帰りのような人々と一緒で，よく混んでいたが，八達嶺までわずか10元だった。途中，停留所に寄りながら，北京の市街地を抜けて北西へ走った。大きな交差点に，体と同じくらい大きな黒い袋を背負った人が立っていたりした。北京郊外の様子や，江蘇省より緑の少ない農村を見る。

　八達嶺はよく整備されており，長城の上を歩きながら，世界中の人々が書いた落書きや，記念撮影する様子を見た。中国人は安全保障を求めて，これだけ巨大な建造物に物資と労働力を費やした。それを戦争ではなく，富と貿易の拡大のために，すなわち自給自足ではなく消費の増大を目指して費やす場合，どれほど大きな力を発揮するか，まだ誰にも分からない。

　安全保障面で万里の長城は不要になった。それは，軍事技術の問題であり，主要国との協調を選択した外交政策の問題でもある。しかし，今の中国の安定性を守るのは，ある程度まで，国際機関の働きや，世界の景気が維持されること，言い換えれば，主要諸国の自由貿易と成長であろう。中国が人民元のドルに対する為替レートを動かさない姿勢，あるいは韓国や台湾との貿易や投資を促進して企業の進出を促し，ハイテク産業を積極的に育成し，また，ASEAN諸国に自由貿易圏の形成を呼びかけることも，新しい万里の長城を築く営みに近い。

　北京を散策しながら，あまり人のいない大きな建物に出くわした。それが孔廟であった。現代の中国で，儒教が重視されているようには見えなかった。儒教はかつて政治的に注目され，批判された。今では認められていると言うが，信仰や尊敬の対象ではないようだ。孔子はもちろん神ではなく，人である。その思想について書かれた英文の説明は，「レジーム論」*を連想させた。

　孔子は，中国の王朝が崩壊した戦乱の続く時代に生きた。彼は，無秩序な社

会で、人々のためになる規則を考えようとした。そしてその実現を、権力ではなく、人間の精神の改造に求めたようだ。「礼」は心の内面を正し、「節」は行動の限界やルールを示していた。これらによって、人々は互いに無秩序を免れ、より望ましい生活が得られる、と孔子は説得したのである。

5　中国政治経済モデルの考察

社会革命の受容

バブル崩壊後、日本では改革が必要だと分かっていながら、多くの分野で時間が浪費された。日本人が決して受け入れないような急激な経済環境の変化を、なぜ中国人は耐えられるのか？　東欧やソ連が崩壊した後では、共産党が支配しているからだ、というのは答えにならない。以前はあまりに何もなかったから、というのは一つの理由になる。しかし、もう一つは、彼らが住宅を持っているからではないか？

中国にも乞食はいるが、私は、その急激な社会変化に比べて驚くほど少ない、と思った。他方、同じ頃、日本では経済の再構築がなかなか進まず、都市の公園にはホームレスのテントやダンボールが目についた。たとえ貧しくとも、農地や住宅、最低限の賃金を生涯にわたって保障した中国の方が、その貧しさを抜け出す野心的な人々に自由や機会を認めたとしても、それが（日本と違って）貧しい人々の住宅や土地を奪うと非難されないのである。

たとえば、移行期の中国では、労働者に三種類の生き方がある。まず、今まで国有企業で働いてきた人々には、最低限の賃金や社会保障がある。それは500元と聞いたが、贅沢をしなければ生活できる、という。その意味では、このまま物価が安ければ、何もせずに質素に暮らすことができるのだ。他方、多くの若者は野心的であり、近代的な工場やレストラン、民間企業、特に外資系企業への就職を目指す。実際、近代的消費と高給を求める彼らは、市場経済への変化や外国語の修得にも勝っている。

＊　レジーム（Regime）論。圧倒的な軍事的・経済的優位を持つ覇権国がなくても、ルールや規範・制度を共有し、信頼することで国際協調は可能になる、という主張。

最後に，一方では，田舎の土地を捨てて，都市のインフォーマル部門で激しい競争を生きる貧しい人々が，他方に，サービス業や商業，貿易で財をなした資産家，そしてテレビ俳優や歌手，弁護士など，さまざまな新しい近代的生産と消費に関わる高度な知識労働者がいる。彼らは社会保障制度に属さないが，失業問題の解決を政府に頼る感覚も希薄だ。
　経済改革が政治的に維持される理由は他にもある。中国全体が成長する中で，将来，自分もその果実を得られる，と期待するならば，今の政治的支配や不平等について強く反対しない方がよい，と考えるだろう。そして，改革から最も大きな利益を受ける者が，政治的な支配を共有できるように，政治的特権や経済の管理システムを少しずつ開放する。
　たとえば，伝統的な住宅は確かに貧しいと思う。都市において再開発された高層住宅と，伝統的な石庫門住宅や胡同(フートン)を見れば，その違いに驚く。しかし，たとえ伝統的な住宅に住んでいても，すでに彼らは開発の大きな利益を期待している。地面に密生する茸のような住宅も，その住民たちは政府から新しい所有権を認められており，再開発が決まれば，新しい高層住宅に住み替えるか，その権利をお金に換えて，他の住宅を購入することができる，という。都市開発の大きな波は，こうした社会主義的小所有者のすべてを富に結びつけ，その格差を，逆に地代取得への期待へと転換する。
　上海が無数の小地主によって構成されていることは，外地からの移住を制限し，30万元以上の住宅を購入できる者しか戸籍の移動を認めない，という政策に示された。あたかもカナダが，急増するアジアからの移民に対して，国籍取得に一定以上の資産保有を条件としたように，都市の住民は特権的な市民となる。すでに上海の住宅価格はバブルとなって，一戸建て住宅が日本円でも数百万円から数千万円もする，と聞いた。銀行に預金するのも，金融市場や海外へ投資するのも，資産を形成した都市住民にとって不安がある。彼らはますます贅沢に消費し，住宅を買い替え，ビルを建てる。上海の富が累積的な成長を実現するのは，今しばらく，当然なのである。

住宅とセックス

　もし中国社会が，資本主義そのものでなくても，「近代的な生活スタイル」の産みの苦しみを味わうとしたら，その最初の領域は，住宅とセックス，ではないか[9]？

　住宅は狭いが，賃金は高い。そこで多くの若者は，両親や祖父母の伝統的な価値や生活習慣に従わず，公園や地下鉄で自由な恋愛に夢中になる。恋人たちの媚態が，旧来の価値観に忠実な人々からは社会の崩壊と見えるだろう。その心理的な一体感の喪失は，現実に，民主化や農村の貧困をめぐる政治的危機ともなりうる。

　上海では，カラフルな女性下着の広告が溢れ，セクシーな高級下着を展示した専門店が賑わっていた。北京でも，ウェストを細くし，バストやヒップを強調する（？）ボディースーツの宣伝が，地下鉄構内の他の宣伝を圧倒していた。美人になる薬だ，とでも言わんばかりのTVコマーシャルがしきりに流れるチャンネルもあった。これが中国でも「性革命」が始まったことを示すかどうか，断言はできないが，日本や欧米と同じセクシーさの強調とファッション感覚がすでに都市では支配的だ。もちろん地方や，都市の貧しい階層では，人民服かそれに似た姿の女性が多い。しかし，都市のビジネス街やキャンパスでは，髪にウェーブをかけた，美しい女性たちが，おおらかに談笑しつつ歩いている。

　中国に限らず，アジアはまだ実質的に男性支配が強い社会である。ある意味では，社会主義の理想や一人っ子政策が，女性の社会的進出という成果を中国に与えた。他方，市場自由化の名の下に，ロシアなどの旧社会主義圏では女性の商品化が急速に進み，性的な奴隷として，国際的に売買・密輸されている，と聞く。

　こうした社会変化は，共産党が意図したわけではないし，政治的に失敗であったとも思わない。急成長の過程で，その政治システムはインフレや天安門事件を経つつも，政治的な安定性を維持してきた。しかし，今後，特定の政治信条を掲げる単一の政党が政府を構成し，さまざまな問題に具体的な政策で対応しなければならないことが，むしろ冒頭に引用したナイムも指摘したように，その能力の限界として議論されるようになるだろう。

都市の乞食と農村からの出稼ぎ

　上海で宿泊した魯迅公園に近い四川北路には，バス停の近くにモダンな商店が数軒並んでいた。夕方，散策に出た時，雑技団の曲芸のように脚を首にかけ，地面に伏して，少女が物乞いをしていた。歩行者たちを見る彼女は泣き顔で，体を片手だけで支え，他方の手に持った空き缶で地面を叩きながら，私たちに訴えた。あるいは，浦東区の巨大なテレビ塔を見上げながら歩いていた時，老婆が空き缶を持って静かに立っていた。彼女は，私に近づいて来て，小さな声で何かを告げた。

　無錫の南禅寺の外では，擦り切れた人民服を着た老人が，缶を持って立っていた。彼は少し憮然とした，険しい表情であった。また，太湖を見下ろす霊山大仏の前では，幼い女の子が母親と立っていた。彼女は帽子を持って，訪れる観光客に唄を歌っていた。北京の地下鉄に乗る際，階段の踊り場に布を敷いて，男性が座ったまま前身を床につけるようにして両手を差し出し，お皿をささげ持つようにして，小銭を乞うた。

　農民の土地は，それを耕す農民の所有ではなく，せいぜい長期の貸借契約である。しかも，地方政府は突然それさえ取り消し，土地の利用権を開発業者に売ってしまう。農民たちはこうした不正義に抗議するが，裁判所や共産党は必ずしも農民の利益を守ってくれない。[10]貧しい農民の多くが都市へ出稼ぎに向かうが，それはしばしば「苦汗工場」(sweatshops[*])と呼ばれるような劣悪な労働条件と低賃金を耐え忍ぶことを意味し，あるいは，都市の底辺でごみ集めや路上の商売にたずさわるしかない。

　犯罪の増加や，汚職，「黒社会」が報道されている。不動産開発と投機的な売買が過熱し，土地を奪われた農民が焼身自殺を図ったり，土地争いから住民

---

[*] 16歳の少女たちが，昼夜交代制で，1日に14時間も働く。食事は，毎日同じキャベツとジャガイモ。風呂は週に1度だけ。TV広告では，月給120ドルだったが，実際に支払われたのは24ドル。そこからさらに13ドルを部屋代と食事代として引かれた。契約終了前に辞める場合，罰金として58ドルを取られた。Beth Joyner Waldron, "Some Dissembling Required," *Los Angeles Times*, December 19, 2003 参照。また，"Chinese Girls' Toil Brings Pain, Not Riches," *New York Times*, October 2, 2003; The National Labor Committee, Sweatshop Watch, Oxfam, Ethical Investment Research Service ほか，苦汗工場（Sweatshop）に反対し，労働条件を監視して，プーマ，フィラ，アディダス，ナイキ，ウォルマートなどの工場名を公表するサイトがインターネット上にある。

同士が武器を取って争乱に発展したりするケースもある，という。

　調査旅行から1年を経た2004年の全国人民代表大会では，憲法を修正して「所有権」を保護することが最重要なテーマであった。それは成功した商工部門の資本家や資産家がその財産と地位を法的・政治的に保護されたことを意味する。しかし他方で，農村部への取り組みは不十分であった，と批判された。[11]

凧をあげる少年

　中国における将来の政治経済秩序を決める重要な問いが三つある。すなわち，①誰の利益か？　②集合行為・社会制度・理念を育てられるか？　③交渉と合意のプロセスを改善できるか？　である。その答えは三層のゲーム，三層の世界で決まる。

　第一に，改革の進む中国で，各主体はますます異質化し，異なった利害や政治的意見を持つようになる。彼らは，地域的な政治システムの中で，ますます拡大する市場と互いに協力して対峙しなければならない。第二に，地方政府と中央政府との対抗関係が，さまざまな財源や公共投資に影響をおよぼし，国内の統一したルール作りに北京政府は指導性を期待される。第三に人々は，政治的に制御できない世界市場に直面し，多国籍企業や技術移転のチャンスを手に入れ，キャッチ・アップ過程を続けるために，国際的な影響力を求めるだろう。すなわち，北京政府は国際機関や世界市場における地位を高め，そのために国内の意見を統一し，それを代表しなければならない。

　中国共産党は何を目指すのか？　WTO加盟，三者代表制，所有権の保護，消費者の権利，メディアによる企業や政治家のチェック，腐敗・汚職の摘発，農民の貧困救済，地方への財政移転，人民元の調整，金融改革，インフラ投資と移民労働者の権利を重視した市場統合，……誰の利益を実現するにせよ，それに反対する勢力がいる。市場型の統治を，彼らも学ぶに違いない。

　北京に国民を代表する政府を作るというのは，共産党が経済運営を円滑に行うため，テクノクラートで執行部を固める一方，国際政治に明確な国益を主張する強い姿勢を打ち出すことだと思う。こうして北京政府は，治安維持や法的秩序を重視し，金融・財政政策による成長維持と安定化，対外政策の一本化を

目指すだろう。それゆえ，現在の EU やアメリカの連邦制に近いものへ移行していくのではないか。

　全国人民代表大会が開かれている時も，天安門広場は市民や観光客が散策し，人々にはくつろいだ雰囲気があった。そして，革命記念碑の前で警備する緊張した面持ちの人民軍兵士の向こうでは，子供が凧をあげていた。

結　　び

　中国は完全に離陸した。その片鱗を，私は調査旅行で見聞することができた。
　蘇州では，中国に今までなかったような消費を人々は発見し，それを充足する情熱に駆られているのだ，という視点を聞き，大いに考えさせられた。上海では，レストランが豪華で，大規模なほど，多くの客が集まる，という。中国を動かしているのは，人々の購買力と「近代的な」消費への情熱かもしれない。もちろんそれは，戦争や革命を繰り返すより，はるかに人民にとって幸せである。
　無錫では，中国経済がもっと競争を取り入れて，資源を効率的に利用しければならない，と聞いた。(発達した都市では) 国有企業をどうするか，という問題はすでに終わり，ほとんど残っていない。他方，開発区の管理委員会スタッフと，中国で労働市場がどのように機能するのか，について話し合った。かつては国家という一つの企業しかなく，失業もなかった。しかし今は，多くの私営企業が競争しているから，人々は雇用されたり，失業したりする。農民を雇うなら開発区でも月に1000元（約1万5000円）で足りるし，それは，多分，10年前と変わっていない。もし彼／彼女が英語を話せたら，賃金は月2万元（約30万円）以上になる，と聞いた。
　北京で，私が中国の急成長について悩んでいると，案内してくれた学生は，中国経済は高度成長などしていないと思う，と言った。彼の故郷である山東省の農村は，10年前と比べて，何ら暮らしが良くなったわけではなく，都市の喧騒と無縁である，と。中国が高度成長しているのは，公共投資を（それゆえ外資も）沿海部の都市に集中させてきたからであり，農村は貧しいままである。

競って先に豊かになろう，という「先富」スローガンが，「団結」や「忠誠」を求める党のスローガンと，いつまで矛盾なく維持できるのか？　それは中国共産党にとって，この国を統治する正統性の問題である。

　蘇州の幹線道路を横切るために，私たちを乗せた輪タクはトラックに向かって突進し，自動車の隙間を縫うように走った。上海へ向かう長距離バスは，片側二車線の高速道路を，あたかも三車線であるかのように追い越そうとする乗用車の群れを，むしろ逆に抜き返した。中国では，信号があっても決して自分だけで道路を横断してはいけない。中国人が渡るのをよく見てから，彼らと同じように動くことだ，と言われた。とにかく，道路の途中で停まってはいけない。それが一番危ないから，と。

　成長を制約するものは，農民と国際秩序である。中国は，世界の貧困解消において目覚しい成果を上げたと賞賛されている。しかし，地方の貧困はまだまだ厳しく，沿海部との格差が政治問題となっている。中国の成長は，アジアの（そして日本の）脅威でもあり，救世主でもある。R. サミュエルソンは，それを磁石かエンジンか，と問うた。[12] 中国は磁石として，その低賃金により直接投資や輸出，雇用を奪ってしまうのか，それともエンジンとなり，高度成長と輸入増大を通じて，新しい輸出機会と成長の可能性を諸国に与えてくれるのか？

　国内の政治的な指導力と，安定だけでなく改革（自由化と民主化）を求める市民の声がバランスし，アジア地域や国際秩序の中でも中国がふさわしい地位を占めて，その成長を持続することで世界に貢献できれば，私は「奇跡」に頼らず，10年後もさらに豊かになった中国を訪問できると思う。[*]

---

[*] 中国政府が人権問題についてアメリカと，領土問題について日本と交渉する姿勢には「脅威」の側面が，また，北朝鮮の核問題やアジアの自由化と統合化，貧困解消に積極的に関わる姿勢には「救世主（と挑戦者）」の側面が示唆される。戦後の国際秩序において，中国が周辺諸国や主要諸国と，領土や主権の問題を合意されたルールに従って交渉し，円滑に調整できたとは言えない。国連やIMF, WTO, そして，課税や会計の規則から労働基準，移民・難民法，環境規制など，中国を含めた国際ルールが今後どうなるかは，予断を許さない。

第3章　イギリス「人種暴動」*
——イングランド北部工業都市[1]

はじめに

　人種差別や都市暴動は過去の話ではない。差別や暴力によって，事態を特定の集団に有利に変化させ，その特権的な地位を脅かす部外者を排除することは，民族や国家，地域，文化への愛着と差別意識，あるいは，さまざまな法律や制度，行政措置によって行われる。グローバリゼーションの時代には，自ら意図しないまま，激しい競争にさらされた多くの市民たちが，自分たちの生存の権利を侵食する部外者を非難する政治家を支持する。そして，「移民」や「少数民族」が選挙の争点となることが増えるだろう。

　2001年の5月から7月にかけて，パキスタン，バングラデシュ系の若者を中心に，イギリスのアジア系少数民族は白人の人種差別集団（レイシスト）と激しく対立した。域外から極右の政治集団が結集し，移民排斥の示威行進を強行することもあった。しだいに街全体が暴力的な衝突の連鎖に包まれていく。暴行，襲撃，放火，略奪，破壊の後，警察が法の秩序を回復するまでに数日を要する場合もあった。

　2001年の「人種暴動」は，もっぱらユーロ参加をめぐる論争に注目していた

---

*　「人種暴動」"race riots"は，「騒乱・騒動」"disturbances"や「混乱」"disorder"とも表記される。多くの政府報告書は，「人種暴動」ではなかった，という見解を取る。しかし，ここでは「人種暴動」という表現を，括弧つきで使用する。その理由は，「人種」"race"という表現で，この問題を人種差別 racism の観点から捉えていることを示し，また「暴動」"riots"や「紛争・対立」"conflicts"は，社会的な問題が存在することを示し，その解決を求める政治的な発言手段として理解できるからである。

イギリス政治社会の上層部に，予想外の，そして深刻な衝撃を与えた。グローバリゼーションの争点は，ユーロから移民へと変わった。

筆者は2002年3月17日から23日にかけて，オルダム（Oldham），バーンリー（Burnley），ブラッドフォード（Bradford），そしてロンドンを訪ね，「人種暴動」に関する資料や証言を求めた。しかし，「人種差別による暴動」を実際の見聞で確認することは難しい。差別は意図的に行われるが，部外者には隠される。同じ行為や言葉でも，それが人種差別的なものであるかどうか，部外者には認知できない。

ここでは予備的な調査によって得た印象を，事件の正しい理解に近づく材料として提示し，同時に主要な政府報告書や，「人種暴動」に関する異なる言説を紹介する。

1　事件の発端と経過

事件の発端は，外部から来た極右の人種差別集団に誘発されて，白人とアジア系住民の若者との間で起きたいくつかの人種差別的な攻撃であったと思われる。日頃の差別に対する不満と警察の取り締まりに不信感を増幅されたアジア系の若者たちが，コミュニティーの年長者や宗教組織の抑制を無視して，人種差別的な言動に直接行動や暴力的な対抗手段を採った。

最初に，2001年の「人種暴動」とは何であったのか，当時のBBCニュースや，政府報告書の記述から考察する。

まず，事件の衝撃的な映像を日本でも衛星放送で伝えたBBCニュースは，5月27日（日）と28日（月）に，オルダムの騒動を以下のように伝えた。

オルダムでは，火炎瓶とレンガで武装した多くの若者が暴徒となって，一晩中，警察との間で暴力的な衝突を繰り返した。
……グレイター・マンチェスター警察署は，事態を重大事件と捉え，暴徒鎮圧用の警察官500人を配置し，同数のアジア系の若者たちと対峙した。
……暴徒は，土曜日の午後8時半過ぎに，約20名の白人とアジア系の若者と

が衝突したことで始まった。
……警察は，燃え上がるバリケードや火炎瓶を目の当たりにした。
……日曜日の夜，アジア系のスーパーマーケットから出火し，地元の新聞社（the Oldham Evening Chronicle）事務所が爆破され，家具やタイヤで作られたバリケードに火が点けられた（この新聞社は人種差別的に偏った記事を載せる，と糾弾されていた）。

人種差別的と批判された警視総監（Eric Hewittha）は，警官による乱暴な扱いはない，と主張した。しかしBBCのリポーター（Asad Ahmad）は，アジア系の若者たちが事態をどう見ているかも伝えた。

自分たちのコミュニティーに無理やり押し入った暴動鎮圧部隊や装甲車，警察犬が，より多くの暴動を挑発したのだ。

28日のニュースには，事件の背景に関する環境大臣（Michael Meacher）の発言やコミュニティーの指導者による指摘が紹介されている。

先週の学校における人種差別的な暴言と喧嘩騒ぎで，警察は自分たちを十分に守らない，とアジア系コミュニティーの住人が感じていた，とミーチャー（Mr. Meacher）は言う。また，パキスタン人女性とその店を襲った疑いで，人種差別的な考えをもつ白人青年が逮捕された。
……76歳の白人年金生活者への襲撃事件と，〔極右の〕ナショナル・フロント（National Front）の侵入が町の雰囲気を悪化させていた。
……日曜日の夜，まだ早い頃，パブ the Jolly Carter が40人ほどの群集にレンガで攻撃された，と言われている。
……町のいたるところで，30名ほどの白人が差別的な歌を歌って，警察が解散させるまで，パブからパブへ渡り歩いた。
……（アジア系）コミュニティーの指導者が信じるところでは，Glodwick 地区で白人のギャングが商店を襲い，アジア系の妊娠した女性が住む家の窓

をレンガで叩き壊した後，騒動が起きた，という。

　また，6月24日（日）と25日（月）のBBCニュースは，バーンリーの事件を次のように伝えている。

　騒動は，土曜日にアジア系のタクシー運転手が襲撃される事件から始まった。警察はこれを「人種的な動機による暴行事件」と述べている。白人男性のギャングが彼のタクシーを取り囲み，窓へレンガを投げつけた。そして彼がタクシーを守ろうと外に出ると，彼らはこの運転手を攻撃した。
　……オルダムでは先月，リーズでも今月初めに，同様の衝突事件が起きていた。
　……200人以上の若者が，週末のバーンリーで，人種間の衝突事件を起こした。
　……月曜日の早朝にバーンリーへ車で入った記者は，一種の既視感に襲われた。それはオルダムの騒動からちょうど1ヵ月後のことであった。

2　現地訪問の見聞と印象

　わずか数日であったが，事件のあった諸都市を訪問した印象を記す。最初に訪れたオルダムの市庁舎は立派な高層建築であり，衰退した旧工業都市のイメージはない。また，オルダムもバーンリーも，中心街の商業施設には現代的な店舗が入って客たちで賑わい，すでに表面上は「人種暴動」を想像させるものなどない。バーンリー・ウッド（Burnley Wood）では，窓ガラスが割れ，ベニヤ板で塞いだ長屋式の家屋が公園に面して立ち並び，人通りもなかった。
　ブラッドフォードに関しては，町中に多くの閉鎖されたカーペット工場が廃墟となっており，中心部の商業活動もさほど活発ではないように思った。市中心部の工場は，一部が輸入カーペットの特売市場に変わり，あるいはスヌーカー遊技場やクラブに改造されたところがあった。巨大なスーパーマーケットのチェーン店が進出する一方で，旧商店街の多くの店では経営者がアジア系住民

に代わり，少数民族の消費財を商っていた。

　一般に，公務員や銀行には，アジア系の労働者が一定の割合を占めているようであった。しかし，サービス部門のもたらす雇用増加だけで，増加する若年労働者や旧産業からの失業者を吸収することはできないだろう。

●オルダムの地方議会議員

　アーマド（Riaz Ahmad）議員は，突然の面会の申し込みにも貴重な時間を割いてくださった。彼は，何よりも事実を直視し，問題を現実的に解決していくことが重要である，と主張した。

　「人種暴動」に関しては，それを心理的な差別意識の面に限定して捉えるなら，彼の考えでは，強制的に取り除いたり，厳密に判定したりできない問題であった。それゆえ彼は，人種教育・多文化主義を超えた極端な是正策を支持しない，と私には感じられた。たとえば，彼は（後述の）CRE委員長の見解に反対であった。そして，すでに反対意見を彼にe-mailで送った，と述べた。

　他方，アジア系住民や少数民族は経済的な劣位に置かれているために，現実に悪循環が存在する，として，これを是正する措置が必要であると彼は考える。この点で，政府はもっと財政的に地域の復興を支援できる。オルダムで行われているさまざまなコミュニティーへの支援や地域産業の育成策が重要である，と強調した。

●ドブクロスの民宿経営者

　ドブクロス（Dobcross）は，オルダムから東にバスで20分ほどの，ペニン（Pennine）山脈につながる丘陵地帯サドルワース（Saddleworth）内に位置する村落である（この地域は，BNP（イギリス国民党）の支持率が高い）。私が宿泊した民宿を経営する夫婦は，引退後の平穏で快適な暮らしを望む，誠実で，まじめな，平均的白人層であった。

　私の旅の目的を話すうちに，彼らとも「人種暴動」について少し話し合った。そしていくつかの点で，彼らの主張はBNPに近いと感じた。夫婦が特に強調したのは，「自分たちの生活習慣や文化を守りたい。自分たちが脅かされていると感じるのは，何かが間違っている」ということだった。「移民たちはこの国の法律や習慣，言葉を学び，それらに従うべきだ」と，彼らは訴えた。移民

たちは英語を話さず，学校でも英語ではなくウルドゥー語を勉強している。おまけに市はモスクの建設を財政的に支援しているから，街中にモスクが建っている，と。私が「いくつくらいモスクはあるのですか？」と尋ねると，夫婦は顔を見合わせて，「何十もある "dozens"」と答えた。*

彼らが実際に「移民」たちを嫌って，オルダム中心部からドブクロスに引っ越したのかどうかは分からない。しかし，その言動は "white flight" という言葉を想起させた。特に婦人は，朝食を用意してくれながら，最近購入したらしい，彼らの幸せを約束する南アフリカの素晴らしい自宅について話し続けた。もちろん，そこにはすばらしい気候と土地があり，海が見え，事情をよく知らない人たちが心配するような治安の問題もまったくない，と断言した。彼女は同時に，イギリスの老人たちがいかに惨めな暮らしを強いられ，税金は高く，年金が少ないかを，フランス人の退職した彼女の友人と比較して訴えた。

● ハダーズフィールド（**Huddersfield**）の社会活動家

ブラッドフォードを中心に，この地域のコミュニティー発展に努めてきた社会運動家アーメッド（Ishtiaq Ahmed）氏の意見を聞けた。[2]

彼はアジア系住民，特に，パキスタンやバングラデシュから来た住民が助け合い，格差や差別と闘う自治組織・社会的インフラが必要であることを知り，早くから実践してきた人物である。以前から寺院や教会，モスクの集まりはあっても，それらが有効に結びつくことはなく，アジア系住民たちに政府への発言を組織するような考え方がなかった，という。彼らは自分たちのコミュニティーの中に閉じ込もり，ブラッドフォードが1980年に少数民族のバス通学制度を放棄してから，学校や居住地域の集中と隔離が進行した。アジア系住民の平均年齢は若く，児童が多かった上に，白人たちが引っ越した（"white flight"）からである。多くの工場が閉鎖されたことで，ますます失業した貧しいアジア系住民は取り残された。

宗教組織の弱点は，若者との接点がないことである。たとえば，ほとんどの

---

* これらは，白人コミュニティーが持つ偏見であった。たとえば，オルダムの報告書によれば，モスクなどの宗教施設の建設に市は財政的な援助を行っていない。モスクは信者の寄付金で建設されている。"Myth Busting," *Oldham Independent Review*, p. 77.

モスクの聖職者はパキスタンやバングラデシュから来る。世代間の相違も大きく，出自の村に住む親族たちに送金する習慣を若者は嫌う。現実に有効なこととして，人種差別を禁止し，平等化を目指す法律が必要だ。それとともに，教育や雇用におけるイギリス社会への進出，社会の分配問題・階級問題を具体的に解決すべきだ，と彼は主張した。「私は単にイスラム教徒であるだけでなく，イギリス市民だ」。

● IRR とサウソール (Southall) 訪問

ロンドンでは，残念ながら内務省のスタッフにも，労働党の代議士にも，会えなかった。一人だけ私と会う約束をしてくれたのは IRR (the Institute of Race Relations) のクンナニ (Arun Kundnani) 氏であった[3]。しかし，チャリング・クロス (Charring Cross) 駅に近いこの研究所を見つけるのは非常に難しかった。右翼の襲撃を恐れてか，明確な表示がなく，一つの窓も無い外壁には，ドアだけがあった。

クンナニ氏は，「人種暴動」が起きた背景として社会・経済的な亀裂を強調し，それを正当化する最近の文化レイシズムを批判した。彼はイングランド北部の工業地帯が衰退したままで，指導的な産業がなく，失業率が高いこと，深刻な人種差別を強調した。ブレア政権は地方の製造業をもっと重視すべきだ，と主張したかったように思う。

「暴動」を誘発した警察の対応については，コミュニティーの意見が警察の組織に反映されていないことを指摘した。警官が住民に対して偏見や差別による尋問・捜査を行ったり，治安維持を名目に少数民族に暴行を働いたりしても，それをチェックするシステムが無い。人種差別を煽った警察幹部は誰一人として処罰されなかった，と。

学校や就職における差別，警察の差別的尋問や取り締まりによって，ますます多くのアジア系若者たちが不満を持っていた。彼は，若者を社会活動に取り込むべきだ，と主張した。たとえば社会福祉事業は，多くの失業した若者をコミュニティーに役立つ活動に組織し，また，異なる人種間の交流機会を増やす上で重要である。しかし，こうした活動への財政支援も，少数民族や移民への優遇措置として政治的に非難され，削減されてしまった，と指摘した。

私は、最近の移民政策に関する見解を求めた。「国内の人種差別にも配慮して、多くの富裕国が必要な知識や技能を持った労働者に限って移民を受け入れる方向にある。これは正しい政策だろうか？」と。この問題について、彼は、「人種暴動」が基本的に国内の、国籍を持ったアジア系住民に対する人種差別問題であること、また、移民を選別し管理する政策は、実際に機能しない上に、国内の差別意識を助長するものだ、という点を指摘した。

彼の示唆により、私はブリクストン（Brixton）よりもロンドン西部のサウソールを訪ねた。そして、移民や少数民族が住民の大部分を占める町があることを実感した。

● ヴァンダリズムと若者文化

さらに、二つの点を特に言及したい。一つは、イギリス社会の若者に広がる暴力的傾向である。調査で滞英中も、新聞やTVニュースで繰り返し伝えていたのは、地方都市の治安悪化や若者による犯罪の増加であった。「ヴァンダリズム "Vandalism"」（文化破壊行為・蛮行）という用語がマスメディアにあふれていた。

さまざまな分野でスターたちが持てはやされる一方で、たとえ白人でも、多くの若者は学校を中退し、たとえ卒業しても職がない。かつて大人たちの社交の場であったパブは敬遠され、若者たちはクラブに集まってアルコールや麻薬、セックスに耽る。そしてお金に困ると他人の携帯電話を奪って金に換え、商店を襲い、麻薬の売人になる。

フットボールの試合のように、大勢の人が集まる場所では、若者が集まって公共物を破壊し、応援を口実に人種差別的な歌を歌い、暴言を吐き、少数民族の居住区で凶行に及ぶこともある。ヨーロッパの都市によっては、フーリガンを恐れて、イギリスのチームとの試合を断ったり、特別な警備体制を敷いたりしている。若者の行動は昔から変わらない、という意見もある。しかし、この10年間に学校の中退者も、10代の若者の性的感染症も急増した。10代の女性が出産する比率も他のヨーロッパ諸国より高い。[4]

● ユーロ非加盟と北部工業都市の衰退

最後に、ユーロの問題があると思う。イギリスのBNPも、2002年のフラン

ス大統領選挙で最終投票に残ったル・ペンの国民戦線と同様に，白人社会の保護や移民排斥と並んで，EUの官僚支配やユーロ加盟に反対し，その廃止を求めてきた。

他方，イギリスの金融政策は，インフレ目標に従って積極的に金利を動かした。その結果，国内の景気が過熱してインフレの心配があれば，金利は引き上げられ，資本流入によりポンドは増価する。インフレを抑えることは成長を維持する上で役立ったかもしれない。しかし，高金利とポンド高は輸出を損ない，製造業を苦しめた。

北部の繊維産業や中部の製造業は，こうしたイギリスのユーロ非加盟と積極的な金融政策の板ばさみで犠牲になった，と言える[*]。

「人種暴動」は，市場型の政治経済統合によりますます重視される金融政策と，軽視されてきた旧工業地帯や移民政策との軋轢が，地方政治のレベルでは吸収しきれなくなっている事態を示すものである。

3 「人種暴動」に関する言説

何が「人種暴動」についての主要な言説であるか，それらを評価する作業が必要である。*The Observer* や *The Guardian* の記事を検索して読んだ中では，たとえば，グローバリゼーションの結果，アジアからの移民労働者を必要とした綿織物工場が衰退し，その後のサービス経済部門に彼らが吸収されなかったことを指摘する記事，アジア系住民の人口増加率が白人よりもかなり高いことから，「時限爆弾」として危惧する論調，キリスト教文化と根本的に異質な存在としてイスラム教徒を嫌う「イスラモフォービア "Islamophobia"」の高まりを指摘した内容が興味深かった。ある記事は，この騒乱によって利益を得たのは BNP などの極右集団だけである，と書いた。

「人種暴動」に対する理解と対応策は，「人種差別」や「移民」とも関わって，おそらく国内政治的な合意形成が最も難しい問題の一つであろう。ここでは，

---

[*] 次の記事は，ポンド高よりも製造業の生産性や技術導入に問題がある，と指摘する。"Sterling and Manufacturing: Sliding into Recession," *The Economist*, July 28, 2001.

政府の主な報告書と，注目すべきいくつかの言説を取り上げる。

政府による調査報告

オルダム，ブラッドフォード，バーンリーで行われた調査委員会による報告と，イギリス内務省による報告書が重要である。*

報告書は，基本的に，「人種暴動」をもたらした社会・経済構造や制度的な人種差別主義を分析した後，それを克服する指針を政治的に示す，という体裁で作成されている。共通する部分も多いが，オルダムの報告書が最もよくまとまっている。しかし，人種差別主義の克服と「隔離」の解決を目指した考察としてはブラッドフォードの報告書が優れているだろう。また，バーンリーの報告書は分量が多く，資料も豊富である。こうした調査の成果を要約し，政府の見解を概念的に整理した点で，内務省の報告書は興味深い。

センセーショナルな映像と個別の事件に注目する時期が過ぎて，その後の「人種暴動」に関する議論は「隔離"segregation"」という問題に注目し，その原因と解決策を示そうとしてきた。そして政府は，これに対して「結束"Cohesion"」という概念を採用したのである。問題の整理はすべての報告書に共通している。

最も注目された「隔離」問題について，オルダムの報告書は次のように指摘する。「多くの白人たちは，アジア系の住民が個々には存在していないかのような態度を取ってきた。」他方，「アジア系のコミュニティーでは自衛のために白人から距離を置き，白人社会の影響に染まらないようにした。」こうして互いのコミュニティー間で隔離が深まった，と。それは異なるコミュニティーに対する幻想や誤解を強める結果にもなった[5]。

---

* いずれも各地方政府や内務省のホームページから入手可能である。
　Panel Report, December 11, 2001. *Oldham Independent Review : One Oldham One Future*, Chaired by David Ritchie, 2001.
　Bradford Race Review, *COMMUNITY PRIDE not Prejudice : MAKING DIVERSITY WORK IN BRADFORD*, Presented to Bradford Vision by Sir Herman Ouseley, July 2001.
　Burnley Task Force, *Burnley Task Force Report : On the Disturbances in June 2001*, and, A Summary (*Burnley Speaks, Who Listens … ?*), Chaired by Tony Clarke, December 2001.
　The Community Cohesion Review Team (CCRT), *Community Cohesion : A Report of the Independent Review Team*, Chaired by Ted Cantle, Home Office, 2001.

「白人の逃避"white flight"」としては，たとえばブラッドフォードの報告書によれば，それは『『中産階級』の人々が，白人貧困層や少数民族コミュニティーの目に見える増加に対して，都市を去る行動[6]」である。内務省の報告書にも「この会議であなたに会った後，私は家に帰り，来週ここにまた来るまで，私が白人と会うことはないだろう。」と委員会に証言したパキスタン出身のイスラム教徒の言葉を載せている[7]。

また「多文化主義教育」,「文化レイシズム」なども議論された。すべての報告書が，宗教学校によって隔離が強められており，英語を話せないまま異なる言語の授業が行われることに偏見がある，と指摘している。しかし，親たちが英語で教えられないことは子供の学校の成績を悪くしてしまう。アジア系住民の人口増加を「時限爆弾」と指摘する論説やBNPの主張には，「隔離」と「排斥」の感覚が最も強く示されている。それは，「彼ら」がわれわれの社会を「脅かし」「乗っ取ってしまう」という白人たちの危惧である。

旧産業の衰退と人口問題，失業問題，住宅問題が，人種差別的な難民・非合法移民への反発となって，極右政治集団により喧伝され，激しい論争となった。バーンリーの調査では，都市内部の民間所有住宅が非常に劣悪な状態になってしまうと，それに麻薬取引や反社会的な行為が目立つようになる[8]。アジア系住民は，公共住宅の配分が白人に有利に，少数民族には不利になっていると考える。しかし白人住民の間では，住宅の改善を公的に助成する資金が少数民族に不当に有利に与えられているという根拠のない不満が強い。

アジア系コミュニティーの，特に若者たちの問題も重視されている。第三世代を中心としたイギリス生まれの若者たちは，少数民族の限られた職場や社交の機会に限定された生活に満足できない。彼らの中には，学校を飛び出し，仕事を求めても差別に遭い，失業したまま通りで過ごすしかない者も多い。白人住民のようにパブに集まったり，互いに交流したりする公共の施設もない。

1999年のマクファーソン報告が，警察や官僚制度に埋め込まれた制度的レイシズムに関して，立ち入った反省を促したにもかかわらず，オルダムの警視総監（Eric Hewitt）が行った人種差別犯罪に関する言及は白人とアジア系住民の不信感を強めるものであった。警察は少数民族の信頼を得る努力を怠ってき

た。さらに，大衆的な人気を競うタブロイド紙による人種差別と移民排斥キャンペーンが公的に放置されていた。[9]

　外部勢力の侵入とアジア系住民への攻撃は，警察への不信とともに，暴動への引き金となった。BNP（イギリス国民党）はFN（ナショナル・フロントもしくは国民戦線）の行動を批判したが，彼らによるあからさまな移民排斥とアジア系住民への敵対的言動は，地区の雰囲気を憎悪と暴力で汚染し，すべての住民を不安にした。

労働党政府・内務大臣の見解

　内務大臣のブランケット（Blunckett）とブレア首相は，「騒乱」や「人種暴動」に対する警察の行動を強く支持した。そして，住民たちの分断化とアジア系住民の「隔離」を，その後の論争の焦点に据えた。

　同時にブランケットは，「寛容」を求め，「(移民でもその子孫にはもっと)イギリス人らしく"feeling British"」と訴えた。あるいは，イギリスに住むことを選択した者には「規範として受け入れるべきものがある」，この国にもっと「帰属意識」を持つべきだ，とも述べた。標語風には，「政治的に公正というだけでなく，思いやりを」「隔離ではなく，多様さを」である。政府は人種差別問題に対して，白人社会とエスニック・コミュニティーとその両方に責任を求め，批判しようとした。

　少数民族にも「自己隔離」について一定の責任を求めた政府は，白人有権者や警察から，移民・難民の増加やマクファーソン報告の人種差別批判に対する反発が起きていることを懸念していたのではないか。それゆえ，非合法移民の規制や少数民族政策を「右寄り」に，すなわち，より保守的な支持者を意識した方向に修正しようとした。[*] ブランケット内相の発言に対して，たとえばCREの専門家は，それが多くのファシストや人種差別主義者，BNP党員の言動に「青信号」を出したものと受け取られた，と不満を述べた。[10]

　その後，内務省の報告書は「社会的結束"social cohesion"」を中心概念にし

---

* 次の記事は，少数民族の権利を強調するより，統合化を促すことに，強調点が移ったことを示している。"Riots and Multiculturalism: Alone, Together," *The Economist*, July 14, 2001.

て，政治指導者やコミュニティーのリーダーたちが協力して，積極的に人種的な「隔離」を打破すべきだ，と訴えるようになる[11]。それは，労働党の基本的な政治哲学によって「人種暴動」を解釈し，解決の指針を示したものであった。すなわち，経済や社会の変化から取り残される人々，新しい機会から排除されている人々を，労働党は積極的に社会変化の内部に取り込み，成功の機会を保証する，という姿勢である[12]。

地方政府の見解

バーンリー調査委員会（Burnley Task Force）の委員長（Tony Clarke）は，この事件が言われているような「人種暴動 a "race riot"」ではなかった，と主張した。

「私は，『人種暴動』として描かれていることが，実際は，比較的少数の人々が犯した一連の犯罪行為であった，と確信する[13]」。

「問題はあるが，バーンリーの人々の圧倒的多数が大きな心と高潔さ，この街のより良い未来を築きたいという決意を持っているのは明らかである[14]」。

地方政府の見解は，地域社会の外部から侵入した異常な政治集団や不幸な偶然が重なった結果，意思疎通の不足と誤解が生じたことが，「人種暴動」の原因であると強調する傾向がある。バーンリーの報告書でも，アーマド議員との面談でも，この事件は明確に二つの側面に分けて考察された。一つは，長期的，潜在的な理由である。もう一つは，直接の引き金である。前者は，コミュニティーや学校の問題，若者の間でどのように社会的な共存関係，さらに信頼感を育てるか，という主張につながる。他方，後者については，警察の人種差別的事件への適切な対応や，警察組織の内部を改善し，警察とコミュニティーとの情報交換や対話の必要性を訴える。

ブラッドフォードの報告書が示した解決の指針は，地域社会のリーダーシップを強調するものであった。地域の「リーダーたち」は，分離した住民たちの

見方を変えるために指導的な役割を果たすべきである。若者たちは暴力や犯罪，麻薬取引にますます引き込まれている。それゆえ，特に異なるエスニシティーの若者たちが協力して，地域の社会問題を解決し，公共の利益を高めることに貢献するよう，地方政府は積極的に支援しなければならない。そうすることで，多文化のコミュニティーが共存するメリットを実現できる。

　自己隔離・偏った教育・間違った情報・恐怖・不安への対応は，人々の間に信頼を構築することでなければならない。
　自分と違うものに混じり合おうとしない人々の心の中を変えるには，効果的なリーダーシップ・情報交換・行動・教育・学習が必要である[15]。

CRE委員長の見解

　調査でオルダムを訪れていた3月18日，*The Guardian* が人種平等委員会CRE（the Commission for Racial Equality）のシン（Gurbux Singh）委員長に対するインタビュー記事を掲載した[16]。

　シン委員長は，人種の隔離状態が解消されるべきだと主張し，そのために学校や住宅の政策を積極的に利用するよう求めた。彼は，白人も黒人も，アジア系住民も，同じ地区に住むべきだと考える。人種ごとに隔離された都市や町が「昨年夏の騒動」をもたらしたと考え，これを解消するために学校の人種混合を強制的に行うべきだ，と主張した。

　「レイシズムは白人社会の内側で形成される。だからエスニック・コミュニティーも自分たちを白人社会に溶け込ませて，融和しなければならない。バーンリーやブラックバーン（Blackburn）で何よりもショックを受けたことは，各コミュニティーが互いに疎外され，相手を無視して生活していることであった」とシン委員長は言う。「白人もアジア人も互いに共通するものなど何もないと言い，相手のことなど何も知らない。同じ地域に住み，育ってきたのに」。
　「ブランケット内務大臣が述べたように，少数民族はもっと英語を学ぶべき

だ。英語が話せないのに，どうやって職を見つけるのか？」

インタビューを行った女性記者（Jackie Ashley）は，51歳のシーク教徒であるシン委員長を，イギリスにはもう珍しくなった寛容な家父長的人物，として描いている。シン委員長は，イギリスの政治システムの中で，もっと少数民族の発言が確保され，代表がより多くの席を占めることを望んでいる。

「人口比から見て，議会や公的機関に10～12％の少数民族が含まれているべきだ」。
「われわれは，12人ではなく，60～70人の下院議員を目標にすべきだ，と言うのですね？」
「その通りだ」。

そして政府や公的機関は，人種隔離を終わらせ，平等を実現するために行動しなければならない，と考える。彼は，「寛容さ」を説き，より多様なイギリスが受け入れられるようになるだろう，とする。しかし，「イングランド北部の深刻な騒乱の記憶は，彼の声を曇らせている」と，記者は書いた。

IRR からの批判

IRR が発行する雑誌は「イギリスのレイシズムが持つ三つの顔 "The three Faces of British Racism"」という特集を組んで，「人種暴動」が示すイギリスのレイシズムを批判した。[17]

シバナンダン（A. Sivanandan）によれば，イギリスにおける貧富の差が南北で拡大しているという主張はもう一つの衰退の地理学を見失っている。

産業のいくつかは，たとえば鉱山や港湾，造船のように，その労働者がほとんどすべて白人である。他方，ヨークシャーやランカシャーの鉄鋼や織物工場のように，特に織物では，インド亜大陸から労働力を調達している。そして，政府の失政か目論見かによって，旧産業が死滅してしまっても投資や職

業訓練で近代的な産業が興らなかったのは，こうした工業都市である。白人労働者たちは他所で他の職を得ることもできたが，バングラデシュ系やパキスタン系の労働者は，人種差別や（彼らにとって利用可能な唯一のネットワークである）家族の結びつきにより，レストランやタクシー運転手になった。そして工場の中で形成された白人とアジア系労働者との連帯感や同志関係は失われた。地方政府の政策は住宅の隔離をもたらし，コミュニティーの隔離，次世代の学校の隔離につながった。[18]

また他の論者（Fekete）は，EU が「世界的移民管理」という思想を掲げて，西ヨーロッパが必要とする熟練労働者を雇用するシステムを構築しつつある，と指摘する。[19] これは他面では1951年の国連難民地位協定に基づく亡命者の権利を奪う行為である。「世界的移民管理体制」は，裕福な第一世界から，共産圏の解体や第三世界の市場拡大に応じて強められた破壊的影響を管理する試みである。移民労働者となる人々を管理することは，第一世界の利益である。[20]

　第一世界の移民管理体制は，国家による移民管理戦略である。まさに第三世界諸国が世界銀行や IMF の構造調整融資を受けるために緊縮政策を受け入れたように，グローバリズムの時代に生き延びるためには，移民管理を受け入れねばならない。そして第一世界は第三世界を犠牲にして，コンピュータ技術者や医者，看護師を雇用する。

イギリス国民党（BNP）

　「人種暴動」を経験した白人社会の恐怖心と，異人種への嫌悪や憎悪をさらに煽ることで，イギリス国民党はこの地域の議席獲得を狙っている。元来は犯罪者の集団であったBNPも，1999年からはケンブリッジ大学出身のニック・グリフィン（Nick Griffin）を党首に担いで，若者に向けたさまざまな政治的アピールを取り込み，公式な政治の舞台に進出する運動を本格化させた。

　「人種暴動」をめぐる言説の最後に，BNP のホームページから，移民問題と経済問題に関する公約を以下に紹介する。

現行の人口変化が続けば，われわれ生来のイギリス人民は，60年以内に，自分の国で少数民族になるだろう。このようなことが起きないように，また，イギリス人民がその母国と自分らしさ（identity）を保てるように，われわれはこれ以上の移民を即座に禁止し，犯罪と関わる非合法な移民たちを直ちに国外追放し，合法的な移民たちも，個人や問題諸国から寛大な財政的支援を受けて，その民族的な出身国に帰還する機会を利用可能にする自発的な再移住システムを導入するように求める。白人のイギリス人民を二流の市民にしてしまった逆差別的な計画を，われわれは破棄する。われわれはまた，難民の洪水をせき止め，彼らすべてがいんちき難民であり，もっと自国に近い場所へ避難すべきことを主張する。

BNPは，明らかに，グローバリゼーションにも反対である。多くの民主的反対派が，グローバリゼーションのもたらす不平等や不安定性を，民主的な世界統治の欠如として批判するのに対して，BNPは国土と雇用，資源に対するイギリス人民の支配権を復活させればよい，と主張する。

第三世界に職場を輸出してしまうグローバリゼーションは，イギリスの工業とそれに依存するコミュニティーを破滅させ，失業をもたらしている。したがって，BNPはイギリス市場からの外国製品の選別的締め出しと，外国からの輸入削減を要求する。われわれは，それが可能な場合はどこでも，イギリス人労働者を雇って，イギリスの工場で工業製品を生産させる。そうすればこの国の失業はなくなり，安定した高賃金の職場が増えるだろう。そしてついに，われわれは人民を労働に復帰させ，労働党の統計では隠されている400万人以上の失業者の無駄と不正義を終わらせるのだ。さらにわれわれは，イギリスの工業，商業，土地，その他の経済的資産や天然の資産が，最終的に，イギリス国家と人民に帰属するものと確信する。それを達成するために，われわれはわれわれの経済と土地に対するイギリスの所有権を再生するだろう。われわれはまた，市場において生来のイギリス人に職を得る優先権を要求する。われわれは，現在，巨大なスーパーマーケットにより確立されつつ

ある社会的，経済的，政治的に有害な独占を解体する有効な措置を講じる。最後に，株式の保有や協同組合を励まして，労働が利潤をもたらすことを奨励し，イギリス人労働者たちが企業の成功と繁栄に加わることを目指すだろう。

グローバリゼーションによる不安と不利益は，「国家社会主義」の煽動家たちに肥沃な土壌を提供する。一方では国内の弱者，特に中央政治から無視されがちな地方の政治的弱者に向けて，差別的な優遇と再分配を約束する。他方では，政治的な権利も拒まれた移民たちを，直ちに国外追放すると約束する。こうしてBNPなどの政治集団は，グローバリゼーションに翻弄される国内の政治秩序に楔を打ち込む。

結　　び

EUにおける人種差別主義は，2002年5月のフランス大統領選挙におけるル・ペンの決選投票進出や，オーストリア，イタリアの右派政党による政権成立，オランダにおける新・保守派政党（the List Pim Fortuyn）の躍進，などに顕著に示された。2002年5月2日に行われたイギリス地方選挙の結果，バーンリーで3人のBNP候補が当選した。

小雨が降り始めたオルダムの街を歩きながら，私はアジア系住民が多い通りを探していた。交差点に立って，通り名を示すプレートを見上げていると，突然，脇を通り過ぎる小型乗用車から，何かを貫くような，嬌声と罵声を浴びせられ，驚いた。自動車には，おそらく10代半ばの少年や少女たちが同乗していた。それが人種差別的ないじめや威嚇であったのか，私にはそれすら判断できなかった。

オルダムからようやくタクシーに乗って，ドブクロスの宿へ向かった。運転手はバングラデシュから来た男性であった。彼は，「日本の経済はどうだ？」と聞いた。彼の子供たちはもう独立したので，彼もイギリスでタクシーの運転手をして生計を立てているより，もう少し遠くに出かけて稼ぎを増やしたい，

と言うのだ。私は,「日本に友人や親戚がいるのですか？」と尋ねて,「誰もいない」という答えに,なぜか少し安堵した。彼はこうして,いろいろな国の人と話し,経済や雇用の感触を得ようとしているように見えた。

　日本では,ほとんど,外国人労働者の受け入れに関する是非だけが,しかも日本経済への影響や,移民流入の管理可能性について議論されてきた。しかし,欧米の経験から推測するなら,日本でも景気過熱と間歇的な移民労働者の受け入れを経て,確実に移民の定住化とコミュニティーの形成,ネットワークの拡大へと向かう。そして将来のある時点で,少数民族の自律的な増加と人種差別による政治的反動が起きるだろう。地域各国が協力するとともに,人種差別や移民,労働市場のあり方について,私たちも明確な理解と対策を準備しておくべきである。

　人種差別や都市暴動は外国の話ではない。グローバリゼーションの過程で,近い将来,同じことが日本でも起きると思う。

結び——私たちに何ができるのか？[1]

I

　農業（土地・食糧）と戦争（治安・戦死者）は，市場によって資源配分や分配，その社会におけるあり方を決めることが難しい分野です。

　NHK 教育・土曜フォーラムで「近郊農業の将来」を観ました。ジャーナリストの内橋克人氏は，農業は命を育て，働くことの意味を教え，所得を単に数字として見ない姿勢を持った人間同士の社会関係を築くと訴えました。土に根差した農業を失えば，人間も荒廃してしまう。農業こそが生産活動の基礎を支えているという意識を失ってはいけない，と。

　現実には，書面での契約や金融取引において，電子的に数字を動かすだけで莫大な富をもたらす「仕事」が称賛されます。物やサービスを売買することが，具体的な意味を失い，金銭的な結果だけで評価されます。労働も，それに従う人間も，金銭で表される価値がすべてであるかのように「市場」は評価します。

　本当にそれでよいのでしょうか？

II

　私はグローバル・ガバナンスの契機として，国際機関や NGOs だけでなく，世界都市と新しい戦争を取り上げ，そこで語られる政治的言説に注目しました。

　世界都市では，ネットワーク型の資産家階級や，さまざまな国籍を帯びた底辺の貧困層，最先端のマスコミュニケーション環境とジャーナリズム，大衆娯楽や文化が結びつける（あるいは隔離・孤立させた）都市住民に対して，共通の民主的選挙制度が機能しなければなりません。

　あるいは，世界の裏側で起きた軍事衝突を鎮圧し，治安回復を図るため，さまざまな国の兵士たちが集まる国連軍に，戦場で，また彼らの母国で政治家た

ちは演説します。彼らが戦う理由とは何か？　彼らが求めるもの，彼らの命が危険にさらされても守るべきものとは何か？　仲間の死をどのように受け入れるのか？　政治家たちは，民族や信仰，敵国への憎悪，捏造した部分的歴史ではなく，新しい秩序を表現し，理想を共有しなければなりません。

　NHKの「地球街角アングル・北京発深夜ラジオ」を観ました。深夜2時から，「神州夜航」は北京に集まった出稼ぎ労働者たちの声を紹介します。労働者たちは故郷を離れ，不安定で，過酷な労働に従事し，孤独に苦しみます。2008年オリンピック開催に向けて，北京は建設ラッシュです。人口1500万人の約半分は出稼ぎ労働者である，ということです。農村は貧しく，現金収入を得る機会がありません。北京でゴミ集めをする労働者は，少しでも仕送り・貯蓄し，子供を大学へ行かせるために働き続けます。番組の司会者は，出稼ぎ労働者たちと市民たちの相互理解を促し，彼らを結ぶ架け橋になりたい，と願います。

　学費など取らないで，友達や熱心な学生たちと語り合い，自由なゼミを開きたい，と私は思いました。同じような集まりがアジア各地にも生まれ，音声多重放送の深夜ラジオでつながります。多くの若者が多国籍で集まり，兵役の悩みや出稼ぎの苦しみ，外国での暮らしに関わる情報を提供し，相互扶助と社会的な上昇を助ける私的・公的な仕組みを構築します。

Ⅲ

　大阪の高校へ模擬講義に出かけて，最初に，「子供と社会」について話しました。親というものは，子供のために美味しいものを取り分け，楽しいことを増やしてやろうとします。子供が金魚すくいでもらってきた金魚を飼いたいと言えば，水の管理や餌やりに気を配り，子供が帰ってきたら，真っ先に金魚をのぞき込む様子を観て楽しみます。ここでは「社会構造」が実感できます。

　たとえダイヤモンドや金，石油があっても，その社会が豊かであるとは限りません。富をめぐって内戦を繰り返す貧しい社会では，武装した民兵が大人たちの手足を切り落とし，子供を連れ去って兵士や奴隷にしました。襲撃を恐れて，灌木の下や砂漠に分散して眠る難民には食べるものがありません。スラム

の路上や屋台の隙間に眠る子供たちは「学校に行きたい」と願いますが、その夢は叶いません。運よく豊かな国に逃れても、彼らはしばしば差別され、まともな職を得られず、満足な学校や住宅に入ることはできません。彼らが依拠できる「社会構造」は、一体、どこにあるのでしょうか？

　模擬講義の後、一人の女子高生が残って質問してくれました。「貧困や争いはなくならないのですか？」と。彼女の問いに、私は、正直に言えば、貧困も争いもなくならないだろう、と思いました。しかし、「絶対的な貧困はなくせるはずだ」と答えました。

　現代の科学や知識、世界が得た富や社会ストックをもし皆が利用できるなら、どこでも人はもっと豊かになれるだろう。人間らしく生きることができないほど貧しい人々がいることは間違っている。彼らの暮らしは、たとえば国際支援を受けて農耕のインフラや輸送手段を整備すれば、貧困を抜け出して自立できる。それができないような土地なら住民が流出する。難民や移民をもっと豊かな土地で受け入れることは可能だ。しかし、そのような支援が行われず、移民も受け入れられていないのは、双方に政治的な問題があるからだ、と話しました[2]。

　また、確かに、大規模な世界戦争はなくなるかもしれないが、争いや社会対立は将来もなくならないだろう、と私は答えました。「それでも、グローバル化は正しいと言えるのですか？」と彼女は問いました。移民が増えれば、自分たちの仕事を奪われたと反発する人が現れます。安い輸入品が市場を満たすようになれば、それまで儲かっていた商売や工場が破綻に追い込まれ、失業する人も増えるでしょう。その通りです。

　しかし、日本だけで豊かになれるでしょうか？　日本人だけが今の雇用を維持し、安い輸入品や移民を拒めば、それでよいのでしょうか？　私は、近隣諸国が豊かになることは日本に住む人々や企業の利益にもなる、と話しました。アジアが豊かになれば、質の良い製品や優れた技術を求める人が増えて、日本の企業はアジア市場を拡大し、雇用を増やせるのです。他方、日本市場に安価なアジア製品が入れば、国内生産は失われ、失業者が出ます。しかし日本の景気が良ければ、彼らは新しい職場を見出せると思います。もちろん、失業手当

や再訓練，雇用を促す支援策は重要です。しかし，安い輸入品を拒むことは間違いだ，と経済学は教えます。

　貿易であれ，移民であれ，私たちは「社会構造」が変化することを通じて豊かになります。その過程を正しく理解しなければなりません。もし貿易や新しい技術を拒み，移民を差別して排斥するなら，人々はきわめて閉鎖的で硬直した経済，極端に保守化した，衰退する社会に束縛されるでしょう。能力のある者，野心的な者は，むしろ，アメリカやヨーロッパの大学に入り，優れた企業は中国へ逃げて，もっと大規模に投資しようとするでしょう。

　社会構造が変化する時，たとえ激しい対立が起きても，孤立し，排除するのではなく，「一緒に解決しよう」と呼びかける優れた政治指導者がいれば，人々の声を聞いて，問題を解決するための新しい制度や仕組みを作ることができます。グローバル化が良いか悪いかは，正しい理解と，社会的な工夫（革新的なアイデア），それを吸収して広める指導者と人々の努力にかかっています。

　「もし日本がそのような能力（受容力）を高めて，豊かで，繁栄する，開かれた社会となれば，世界の貧困や争いも減るでしょう」と，私は彼女に答えました。

IV

　「社会的に見て，何が望ましいのか？」　さまざまな基準の間に，絶対的な均衡状態やトレード・オフはないと思います。通貨危機でも，移民問題でも，同じ社会に参加しながら発言できない者がいました。問題の根っこは，共通の基礎を見つけるために話し合う，政治・経済的な秩序が不足していることです。

　たまたま，シンポジウムにおけるJ.ウィリアムソンの短いコメントを見つけました。その中で，世界の成長（それゆえ失業や貧困の解消）が外貨準備やアメリカのドル供給によって制約されている，と批判するポスト・ケインジアンの意見に，彼が反対しているのを読みました。彼は，ケインズが将来のエコノミストを「歯医者のように，控えめな，役に立つ人々」になることを願った，と指摘し，実際的な改革案を重視する姿勢を「配管工 "Plumber"」と非難した者に，「配管工なら嬉しいね」と応じています。[3] *

早朝の駅前で，職場に向かうサラリーマンに向けて話す政治家がいました。彼女は先の選挙で落選した候補です。その飾らない，真摯な言葉に，私は，日本にもまだ政治の可能性がある，と感じました。

　NHKの「ドキュメント72時間　上野アメ横まんが喫茶」では，「インターネット＋漫画＋ソフトドリンク飲み放題」の空間を細切れに買って，解放され，くつろぎ，一人になれる，という都市の住人たちを紹介していました。「なぜ？」という疑問を連発したくなりますが，これも彼らの住む現実です。田園都市とはあまりに遠く，天空のグーグルから煉獄の国際テロ・犯罪ネットワークにまでおよぶ《電脳都市》の，ここが地上界です。グローバリゼーションとグローバル・ウォーの辺境が急速に再編され，その影響は遍在します。

　この世界の辺境に立つ者は，グローバリゼーションを生きる仲間と土地を求めています。いつか田園都市＝国家の住民たちも，すべての者が兵役と農業を数年ごとに担うべきだ，と合意するでしょう。

＊　2005年のヨーロッパ憲法条約批准に必要な国民投票の際，「ポーランド人の配管工」は反対派の主要なスローガンとなった。EUがもたらしたのは東欧への加盟国拡大であり，その結果，流入した移民たちが雇用を奪っている，と反対派は主張した。フランスとオランダで批准が否定され，EU憲法案は成立しなかった。

出典一覧

はじめに
1） 拙稿「グローバル化の政治経済学」桜井公人・小野塚佳光編『グローバル化の政治経済学』終章，晃洋書房，1998年．

序　君はグローバリズムを見たか？
1） 「IPEの果樹園2002」「今週のReview」7/22-7/27より．2002年7月22日（月）に広島のオープン・キャンパスで話した内容（要旨）です．
2） デイヴィッド・マクレラン著／千葉眞・木部尚志訳『イデオロギー』昭和堂，1992年．拙稿「グローバリゼーションとイデオロギー（上）」同志社大学『経済学論叢』第59巻第2号（2007年9月）参照．（下）は未刊．
3） トーマス・フリードマン著／東江一紀・服部清美訳『レクサスとオリーブの木――グローバリゼーションの正体――』上・下，草思社，2000年，上114頁．太字強調は小野塚．
4） 同上，上106頁．
5） 同上，下163-64頁．ただし，発展途上国と共産主義国は省略します．
6） 同上，下163頁．
7） アダム・スミス著／大内兵衛・松川七郎訳『諸国民の富』（一），岩波文庫，113頁．
8） デビッド・リカード著／羽鳥卓也・吉沢芳樹訳『経済学，および課税の原理』岩波文庫，上巻190頁．
9） フリードマン著，同上，下103頁．
10） ドナルド・ドーア著／藤井眞人訳『日本型資本主義と市場主義の衝突――日・独対アングロサクソン――』東洋経済新報社，2001年，323頁．
11） 同上，邦訳324頁．

〈第Ⅰ部　国際政治経済学の冒険〉
扉
1） 「IPEの果樹園2004」「今週のReview」2/2-2/7．

序　国際経済学の誕生
1) 「IPE の種」4/4/2005.
2) ポール・ニザン著／鈴木道彦訳『陰謀　ポール・ニザン著作集 5』晶文社, 1971年。

第 1 章　グローバリゼーションの経済条件
1) 「今週の Review」7/1/2002, 11/26/2001, 「IPE の種」1/1/2007.
2) Michael Beenstock, *The World Economy in Transition*, 2nd edition, London: George Allen & Unwin, 1984.
3) J. M. ロバーツ著／福井憲彦監修／東眞理子訳『帝国の時代』〈図説世界の歴史〉8, 創元社, 2003 年, 24 頁。
4) 同上, 197 頁。
5) 「今週の Review」12/24/2001.
6) 「今週の Review」5/14/2001, 7/15/2002.
7) 「今週の Review」9/8/2003.
8) W. A. Lewis, "Economic Development with Unlimited Supplies of Labour," *The Manchester School*, May 1954, pp. 139-91. 小野塚佳光「W・A・ルイスと輸出指向型工業化戦略」本山美彦編著『開発論のフロンティア』同文舘出版, 1995 年, 参照。
9) 「IPE のタネ」9/13/2004.
10) Jacob A. Frenkel, "Should the International Monetary System Be Reformed?" Jacques J. Polak, "Impasse on the Role of the SDR," in *Functioning of the International Monetary System*, ed. by Jacob A. Frenkel and Morris Goldstein, vol. 2, Washington, D. C.: International Monetary Fund, 1996, pp. 499-507, 927-41.
11) 「IPE のタネ」10/18/2004.
12) *The Economist*, October 2, 2004.
13) Brinley Thomas, *Migration and Economic Growth: A Study of Great Britain & the Atlantic Economy*, 2nd edition, London: Cambridge University Press, 1973. Richard N. Cooper, *The Economics of Interdependence: Economic Policy in the Atlantic Community*, New York: Columbia University Press, 1968.
14) 「今週の要約記事・コメント」1/15/2001, 「IPE の種」9/18/2006.
15) 「今週の Review」6/23/2003, 「IPE の種」1/15/2007.
16) ジェームズ・キング著／栗原百代訳『中国が世界をメチャクチャにする』草思社, 2006 年, 17 頁。

17) 同上, 42頁。
18) 同上, 183頁。
19) 「今週の Review」3/8/2004.

第2章　グローバリゼーションの政治条件

1) 「IPE の種」7/18/2005,「今週の Review」3/15/2004.
2) 第Ⅱ部第3章「イギリスの『人種暴動』」参照。
3) 「IPE の種」1/2/2006.
4) ラリー・ボンド著／広瀬順弘訳『侵攻作戦レッド・フェニックス』上・下, 1990年, 同／同訳『核弾頭ヴォーテックス』上・下, 1992年, 同／同訳『ヨーロッパ最終戦争』上・下, 1995年, 同／同訳『テロリストの半月刀』上・下, 1997年, 同／同訳『怒りの日』2000年, 以上すべて文春文庫。
5) 「IPE の種」4/17/2006,「今週の Review」2/4/2002.
6) 「IPE のタネ」11/8/2004.
7) ジャグディッシュ・バグワティ著／渡辺敏訳『保護主義——貿易摩擦の震源——』サイマル出版会, 1988年, 102頁。
8) 「今週の Review」11/17/2003.
9) Dani Rodrik, *Has Globalization Gone Too Far?* Washington, D. C.: Institute for International Economics, March 1997. ロバート・ギルピン著／佐藤誠三郎・竹内透監修『世界システムの政治経済学——国際関係の新段階——』東洋経済新報社, 1990年。スーザン・ストレンジ著／櫻井公人・櫻井純理・高島正晴訳『マッド・マネー——世紀末のカジノ資本主義——』岩波書店, 1999年。
10) ジョージ・オーウェル著／新庄哲夫訳『一九八四年』ハヤカワ文庫, 1972年。
11) 「IPE のタネ」11/22/2004.
12) 「IPE の種」4/25/2005.
13) R. クーパー著／武藤恭彦訳『国際通貨システム——過去・現在・未来——』HBJ 出版局, 1988年, 237-59頁,「第12章　未来の通貨制度」。
14) Geoffrey Garrett, "Globalization's Missing Middle," *Foreign Affairs,* Nov. / Dec., 2004.
15) 「IPE の種」4/10/2006.
16) 鎌田慧著『ドキュメント造船不況』岩波書店, 1993年, 13-14頁。
17) 「今週の要約記事・コメント」11/12/2001.
18) 「IPE の種」1/16/2006.
19) Thomas Friedman, "Origin of Species," *The New York Times,* March 14,

2004.

第3章　社会的革新
1)　「IPEの種」5/29/2006.
2)　"Cheer up: A Survey of Poland," *The Economist*, May 13, 2006.
3)　「今週のReview」9/9/2002.
4)　「今週のReview」2/11/2002.
5)　「今週のReview」1/20/2003, 「今週のReview」6/16/2003.
6)　ウィンストン・チャーチルの演説より。
7)　「IPEのタネ」5/10/2004.
8)　「IPEの種」1/8/2007.
9)　「IPEのタネ」10/25/2004.
10)　Nancy Birdsall and Arvind Subramanian, "Saving Iraq From Its Oil," *Foreign Affairs,* July / August, 2004参照。
11)　「IPEの種」10/17/2005.
12)　「IPEの種」12/18/2005.
13)　「IPEのタネ」9/13/2004.
14)　「今週のReview」12/1/2003.
15)　「IPEの種」9/4/2006.
16)　「検証・中国西安寸劇事件」『朝日新聞』2003年11月28日。
17)　「今週のReview」9/22/2003.

第4章　グローバリゼーションと国際秩序
1)　「今週の要約記事・コメント」4/2/2001.
2)　「今週の要約記事・コメント」7/2/2001.
3)　"Judging Genocide," *The Economist*, June 14, 2001.
4)　「IPEの果樹園」10/8/2001.
5)　「IPEの種」7/11/2005, 「今週のReview」5/20/2002.
6)　"God Have Mercy, War Has Come Home," *Los Angeles Times*, September 12, 2001.
7)　「Review」2001/9/17.
8)　「IPEの種」7/11/2005.
9)　以下の提案は、「Review」2001/9/24より。
10)　「今週のReview」3/24/2003.

11) クラウゼヴィッツ著／篠田英雄訳『戦争論』岩波文庫，1968年。
12) BBC News, 2003/03/20. ただし，内容に従って番号を付けた。
13) 「IPEの種」1/9/2006.
14) レイモンド・バーノン著／佐藤隆三監訳『ハングリー・ジャイアント——石油・資源をめぐる日米戦争——』日本経済新聞社，1984年。
15) 「今週のReview」7/1/2002,「IPEの種」5/23/2005.
16) 「今週のReview」12/31/2001.
17) 「IPEの種」10/23/2006.
18) 手嶋龍一『一九九一年 日本の敗北』新潮社，1993年，9-10頁。
19) 同上，69頁。
20) 同上，10頁。

〈第Ⅱ部　国際政治学の探求〉
扉
1) 「IPEの果樹園2001」「今週の要約記事・コメント」2/19-2/24.

第1章　中央アジアの移行経済

1) 「中央アジア諸国への国際援助と外資導入——現地視察をふりかえって——」同志社大学『経済学論叢』第50巻第1号（1998年6月30日）。
2) International Foundation, "Directory of Kyrgystan," in *1996 Business Directory "Kyrgystan: Your Business Partner,"* ed. by Vyacheslav Timirbaev, 1966.
3) *IMF Survey,* Sept. 9, 1996.
4) Barry P. Bosworth and Gur Ofer, *Reforming Planned Economies in an Integrated World Economy,* Washington, D. C.: Brookings Institution, 1995.
5) Richard Pomfret, *The Economies of Central Asia,* Princeton: Princeton University Press, 1995.
6) *The Economist,* May 9, 1993.
7) Peter B. Kenen, "Transitional Arrangements for Trade and Payments Among the CMEA Countries," *IMF Staff Papers,* Vol. 38, No. 2, pp. 235-67.
8) R. Pomfred (1995)
9) *The Economist,* Jan. 11, 1997.
10) *The Economist,* Feb. 15, 1997.
11) 1997年3月脱稿・12月改稿時の予想。
12) *The Economist,* Feb. 8, 1997.

第2章　中国経済の考察

1) 「中国経済の考察——上海・蘇州・無錫・北京——」同志社大学『経済学論叢』第56巻第2号（2004年7月30日）。調査は2003年3月5～15日。
2) M. Naim, "Only a miracle can save China," *Financial Times*, September 14, 2003. 他方で，本章執筆後に読んだ次の論説は，異なる意見のバランスをより慎重に取っており，本章の趣旨に近い。"Behind the Mask: A Survey of Business in China," *The Economist*, March 20, 2004. J. Kynge, "How Long can China Continue to Boom?" *Financial Times*, March 23, 2004.
3) J. Kynge, "Can China Keep Its Economy on Track?" *Financial Times*, September 22, 2003. do., "Rural Areas Have Reaped a Bitter Harvest," *Financial Times*, September 22, 2003.
4) 『無錫新区投資ガイド』無錫市人民政府新区管理委員会。
5) 財団法人日中経済協会『中国経済データブック』2003年，119頁。
6) 資本家と共産党との新しい関係について，NHK「中国」プロジェクト編著『21世紀中国はどう変貌するか』日本放送出版協会，2003年，参照。
7) 政府に近い英字紙 *China Daily*, March 8-9, 2003 その他。
8) 特に，ゴードン・チャン『やがて中国の崩壊がはじまる』草思社，2001年。何清漣『中国現代化の落とし穴——噴火口上の中国——』草思社，2002年。
9) D. Bandurski, "SEX IN THE CITY: Has China's Sexual Revolution Finally Arrived?" *Shanghai Talk*, February, 2003. なお，これは Northwest 航空が発行する上海の情報誌である。
10) E. Rosenthal, "Factories Wrest Land from China's Farmers," *New York Times*, March 23, 2004.
11) A. Kroeber, "Wanted: Property Rights for China's Farmers," *Financial Times*, March 10, 2004.
12) J. R. Robert, "The China Riddle," *the Washington Post*, January 30, 2004. また，他にも "The wild west," *Financial Times*, February 6, 2003; M. Wolf, "The new workshop of the world," *Financial Times*, November 25, 2003 参照。

第3章　イギリス「人種暴動」

1) 「イングランド北部工業都市における2001年の『人種暴動』」同志社大学人文科学研究所『社会科学』第69号（2002年9月）。
2) リーズ大学のヒューゴ・ラディス（Hugo Radice）氏による紹介と協力によってインタビューできました。彼の援助に対して，ここに深く感謝します。

3) Arun Kundnani, "From Oldham to Bradford: The Violence of the Violated," in The Three Faces of British Racism, *Race & Class*, Vol. 43, No. 2, 2001. 拙訳「オルダムからブラッドフォードまで：犯された者の暴力」同志社大学人文科学研究所『社会科学』第69号（200年9月），285-93頁。
4) "Misspent Youth: The Naughty boy of Europe," *The Economist*, February 16, 2002.
5) *Oldham Independent Review*, p. 9.
6) *COMMUNITY PRIDE Not Prejudice*, p. 10.
7) *Community Cohesion*, p. 9.
8) *Burnley Speaks, Who Listens … ?*, p. 7.
9) Arun Kundnani, "In a Foreign Land: The new Popular Racism," *Race & Class*, Vol. 43, No. 2, October-December, 2001.
10) BBC, "Immigrants 'should try to feel British,'" December 9, 2001 ; BBC, "Blair Backs Blunkett on Race," December 10, 2001.
11) *Community Cohesion*, Chapter 3. および Appendix C を参照。
12) ラディスの指摘による。
13) *Burnley Speaks, Who listens …* ? Chaired by Tony Clarke, December, 2001, p. 3.
14) *Ibid.*, p. 4.
15) *COMMUNITY PRIDE Not Prejudice*, p. 24.
16) "Force the Races to Mix, Says CRE Chief," and "Behind the Gloom, Hope for a Brighter Future," *The Guardian*, March 18, 2002
17) Race & Class, Vol. 43, No. 2, October-December, 2001.
18) "Poverty is the New Black: An Introduction by A. Sivanandan," *Race & Class*, Vol. 43, No. 2, p. 4.
19) Liz Fekete, "The Emergence of Xeno-racism," *Race & Class*, Vol. 43, No. 2, pp. 24-25, 28-29.
20) 最近の動向としては，James Mackintosh in London and George Parker in Brussels, "EU Leaders Try to Reduce Illegal Immigration," *Financial Times*, May 20, 2002参照。

結び——私たちに何ができるのか？
1) 「IPEの種」1/29/2007, 11/7/2005, 1/22/2007.
2) 本書第Ⅱ部の考察，拙稿「国際通貨体制における危機——政治的視点——」同志社大学『経済論叢』第54巻第4号（2003年3月）98-121頁，同「2001年アルゼンチ

ン危機の解剖――国際政治経済学の基本命題に寄せて――」同志社大学『経済論叢』第58巻第3号（2006年12月）1-49頁，参照。
3） John Williamson, "The Future of the Global Financial System," *Journal of Post Keynesian Economics,* summer 2004.

グローバリゼーションについての読書案内

　グローバリゼーションを理解するためには，以下の書物を読んでからさまざまな歴史的事件と自分の経験や直面する問題を考え，大きな想像力を駆使することでしょう。衝撃力と斬新さにより，これらの本を選びました。

ジェームズ・キング著／栗原百代訳『中国が世界をメチャクチャにする』草思社，2006年
マイク・デイヴィス著／柴田裕之・斉藤隆央訳『感染爆発——鳥インフルエンザの脅威——』紀伊國屋書店，2006年

　グローバリゼーションを実感するには，貿易量や国際投資，インターネット取引だけでなく，中国と伝染病の衝撃を考えてみることです。
　中国の引力は，くず鉄，資源，製鉄所を世界中から吸い上げています。そして，中国から奔出する繊維製品，おもちゃ，ブラジャーの流れ，さらに移民労働者，環境汚染，臓器売買，あるいは，中国の社会不安や犯罪が国境を越え，それが世界中のナショナリズムと一緒になって万一爆発すれば，この世界を根源的に創り変えてしまうでしょう。
　鳥インフルエンザが私たちを襲うため玄関でベルを押すでしょうか？　『玄関に立つモンスター』という原題は，ウィルスたちが私たちの創り出したモンスターであることを示します。グローバルな貿易や投資が各地のウィルスを人間と家畜・家禽が混住する都市スラム（ウィルスたちのご馳走）に呼び寄せています。貧者の病気には無関心で富裕層のためにバイアグラを熱心に売る製薬産業，WHOの警告を無視し，ウィルス感染を隠蔽し続ける政府，ウィルスを持った家畜や鳥，潜伏期の感染者をグローバルに移動させる交通・輸送システムなど，感染爆発が迫っています。

トーマス・フリードマン著[1]／東江一紀・服部清美訳『レクサスとオリーブの木——グローバリゼーションの正体——』上・下，草思社，2000年
ノーム・チョムスキー著[2]／鈴木主税訳『覇権か，生存か——アメリカの世界戦略と人類の未来——』集英社新書，2004年

1）　同じ著者の関連した翻訳書として（以下同じ），伏見威蕃訳『フラット化する世界——経済の大転換と人間の未来——』上・下，日本経済新聞社，2006年。

ジョン・グレイ著／石塚雅彦訳『グローバリズムの妄想』日本経済新聞社，1999年

グローバリゼーションは，特定のイデオロギーで解釈された世界観，グローバリズムの実現過程です。大きな政治的事件や変化だけでなく，ささいな出来事にも，イデオロギーと権力の問題を避けて通ることはできません。

フリードマンが称賛するのは，グローバリズムが支配する世界の〈理想像〉です。それは破壊的であるとしても，今よりはるかにダイナミックな豊かさをもたらす情報革命と市場統合です。社会的混沌，旧支配者・旧秩序の抵抗があるでしょう。しかし人々はますますアメリカ化する世界を選択する，とフリードマンは展望します。

グローバリゼーションには見る人によって多くの意味があります。チョムスキーは「テロとの戦い」やアメリカの世界戦略について批判的な論評を一貫して発表してきました[2]。アメリカ政府は自国（とその企業）の利益のために小国や市民の権利を蹂躙してきました。アメリカこそ地上最大のテロ国家である，とチョムスキーは批判します。

ジョン・グレイは，自由な市場による世界統合を幻想であると一蹴します。嘘だと思うなら，メキシコの通貨危機，ロシアの市場自由化，中国の資本主義，あるいは，アメリカの刑務所を見ればよい，と。

ジャクディッシュ・バグワティ著[3]／鈴木主税・桃井緑美子訳『グローバリゼーションを擁護する』日本経済新聞社，2005年

ジョセフ・E.スティグリッツ著[4]／鈴木主税訳『世界を不幸にしたグローバリズムの正体』徳間書店，2002年

グローバリゼーションと言えば，それは経済のグローバリゼーションである，と思う人のためにこの2冊を挙げました。

バグワティは，グローバリゼーションとして貿易や投資を通じた市場統合が進むことを楽観します。グローバリゼーションに反対する人々は，社会悪を憎む気持ちから発言

---

2) 海輪由香子・滝順子・丸山敬子・門脇陽子・長尾絵衣子・柳沢圭子訳『テロの帝国アメリカ　海賊と帝王』明石書店　2003年，鈴木主税訳『メディア・コントロール──正義なき民主主義と国際社会──』集英社新書，2003年，山崎淳訳『9.11　アメリカに報復する資格はない！』文春文庫，2002年，藤田真利子訳『グローバリズムは世界を破壊する──プロパガンダと民意──』明石書店，2003年，中野真紀子訳『中東　虚構の和平』講談社，2004年，など。

3) 渡辺敏訳『保護主義──貿易摩擦の震源──』サイマル出版会，1989年，北村行伸・妹尾美起訳『自由貿易への道』ダイヤモンド社　2004年，など。

4) 鈴木主税訳『人間が幸福になる経済とは何か──世界が'90年代の失敗から学んだこと──』徳間書店，2003年，楡井浩一訳『世界に格差をばら撒いたグローバリズムを正す』徳間書店，2006年，など。

している場合でも，誤解に基づいています。グローバリゼーションは問題を引き起こすのではなく，その解決の一部なのです。ただし，それにふさわしい政策や規制，制度が必要です。

スティグリッツは，むしろグローバリゼーションの欠陥を認め，そのイデオロギーを批判します。貧しい諸国の現実を考慮せずに押しつけられる政策や国際機関における官僚制が，世界の貧困層に破壊的な影響をおよぼしています。アメリカの90年代のバブルとそれを悪用した政治家や企業家の狂乱ぶりは，グローバリゼーションとそれを導く政策や制度にも影響しました。

二人は，現存するグローバリゼーションを擁護しているのではありません。人間の顔をしたグローバリゼーションを築くための行動を求めているのです。

スーザン・ジョージ，マーティン・ウルフ著／杉村昌昭訳『徹底討論　グローバリゼーション　賛成／反対』作品社，2002年[5]

ロナルド・ドーア著／藤井眞人訳『日本型資本主義と市場主義の衝突——日・独 対 アングロサクソン——』東洋経済新報社，2001年[6]

スーザン・ストレンジ著／櫻井公人訳『国家の退場——グローバル経済の新しい主役たち——』岩波書店，1998年[7]

私たちが住む世界ではない，別の世界も可能なのでしょうか？　アメリカを批判し，資本主義を批判する議論を読む時，私たちは可能な多くの世界を考えることができます。

スーザン・ジョージはNGOの真摯な活動家です。マーティン・ウルフは学識と現実感覚をあわせたフィナンシャル・タイムズ紙の主席エコノミストです。二人の主張は真っ向から対立し，相手の主張を論破しようとします。

ドーアは，日本の経済や社会，歴史におよぶ多くの研究を踏まえて，日本型資本主義の現状を的確に描いています。またストレンジは，国家以外の権威・権力の源泉が競い

---

5) 小南祐一郎・谷口真里子訳『なぜ世界の半分が飢えるのか——食糧危機の構造——』朝日新聞社，1984年，佐々木建・毛利良一訳『債務ブーメラン——第三世界債務は地球を脅かす——』朝日新聞社，1995年，毛利良一・幾島幸子訳『ルガノ秘密報告——グローバル市場経済生き残り戦略——』朝日新聞社，2000年，など。

6) 田丸延男訳『貿易摩擦の社会学』岩波新書，1986年，松居弘道訳『学歴社会——新しい文明病——』岩波書店，1998年，山之内靖・永易浩一訳『日本の工場・イギリスの工場——労使関係の比較社会学——』筑摩書房，1987年，『「こうしよう」と言える日本』筑摩書房，1993年，『不思議な国　日本』筑摩書房，1994年，など。

7) 本山美彦監訳『国際通貨没落過程の政治学——ポンドとイギリスの政策——』三峯書房，1989年，小林襄治訳『カジノ資本主義』岩波文庫，2007年，櫻井公人・櫻井純理・高嶋正晴訳『マッド・マネー』岩波書店，1999年，など。

合って形成しつつある世界秩序について斬新な展望を示してくれます。
　グローバリゼーションに安住することを許さない批判的精神を得てください。

　ハロルド・ジェイムズ著／高遠裕子訳『グローバリゼーションの終焉――大恐慌からの教訓――』日本経済新聞社，2002年
　エリック・ホブズボーム著[8]／河合秀和訳『20世紀の歴史――極端な時代――』上・下，三省堂，1996年

　グローバリゼーションを生きる私たちに最も必要なものとは，この変化を歴史として理解する知識であり，ばらばらな事象を結びつけ，異なる未来をも含めて想像する力ではないでしょうか。
　ハロルド・ジェイムズの本は，グローバリゼーションをめぐる経済史のすばらしい研究です。特に，第1次世界大戦と大恐慌によってグローバリゼーションが崩壊する過程が，そのメカニズムや政策対応，社会変化と思想にまで説得的に言及されます。
　ホブズボームの描く20世紀は，出来事の関連性や背景だけでなく，さらにその原因，動機にまで考察を進めます。「なぜ起きたのか？」と問い，それに歴史家としての答えを示そうと試みます。グローバリゼーションがガラス細工ではなく，世界戦争とロシア革命という流血と恐怖が動かした歴史であることに動揺し，感嘆するでしょう。

[補足]（読者の思考を助ける手がかりとして）
政治と社会について
イヴァン・ルアード著／大六野耕作訳『グローバル・ポリティクス』人間の科学社，1999年
アンソニー・ギデンズ著／佐和隆光訳『暴走する世界――グローバリゼーションは何をどう変えるのか――』ダイヤモンド社，2001年
――／――訳『第三の道――効率と公正の新たな同盟――』日本経済新聞社，1999年
デヴィッド・ヘルド著／佐々木寛・小林誠・山田竜作・遠藤誠治・土井美徳訳『デモクラシーと世界秩序――地球市民の政治学――』NTT出版，2002年
ジェームズ・H. ミッテルマン著／田口富久治・柳原克行・松下冽・中谷義和訳『グロ

---

8)　安川悦子・水田洋訳『市民革命と産業革命』岩波書店，1989年，浜林正夫・和田一夫訳『産業と帝国』未来社，1996年，1柳父国近・荒関めぐみ訳，2松尾太郎・山崎清訳『資本の時代1・2 1848-1875』みすず書房，1981/82年，野口建彦・野口照子訳『帝国の時代1・2』みすず書房，1993/98年，浜林正夫・庄司信訳『ナショナリズムの歴史と現在』大月書店，2001年。

ーバル化シンドローム——変容と抵抗——』法政大学出版局，2002年
アンドリュー・ギャンブル著／内山秀夫訳『政治が終わるとき？——グローバル化と国民国家の運命——』新曜社／2002年

国際通貨・経済危機について

ポール・ボルカー，行天豊雄著／江沢雄一訳『富の興亡』東洋経済新報社，1992年
ジョン・ウィリアムソン著／小野塚佳光編訳『国際通貨制度の選択——東アジア通貨の可能性——』岩波書店，2006年
バリー・アイケングリーン著／藤井良広訳『21世紀の国際通貨システム——二つの選択——』岩波書店，1997年
——／勝悦子・林秀毅訳『国際金融アーキテクチャー——ポスト通貨危機の金融システム改革——』東洋経済新報社，2003年
ジョン・L. イートウェル，L. J. テイラー著／岩本武和・伊豆久訳『金融グローバル化の危機——国際金融規制の経済学——』岩波書店，2001年
吉冨勝著『アジア経済の真実』東洋経済新報社，2003年
——『日本経済の真実』東洋経済新報社，1998年

国際移民・外国人労働者について

スティーブン・カースルズ，マーク・J. ミラー著／関根政美・関根薫訳『国際移民の時代』名古屋大学出版会，1996年
フランソワール・ギャスパール，クロード・セルヴァン＝シュレーベル著／林信弘訳『外国人労働者のフランス——排除と参加——』法律文化社，1989年
ピーター・クォン著／芳賀健一・矢野裕子訳『チャイナタウン・イン・ニューヨーク——現代アメリカと移民コミュニティー——』筑摩書房，1990年
ムハンマド・アンワル著／佐久間孝正訳『イギリスの中のパキスタン——隔離化された生活の現実——』明石書店　2002年

日本経済について（外から見た）

ピーター・タスカ著／笹野洋子訳『揺れ動く大国ニッポン』講談社文庫，1993年
ビル・エモット著／鈴木主税訳『日はまた沈む——ジャパン・パワーの限界——』草思社，1990年
クリストファー・ウッド著／植山周一郎訳『バブル・エコノミー——日本経済・衰退か再生か——』共同通信社，1992年
ジリアン・テット著／武井楊一訳『セイビング・ザ・サン——リップルウッドと新生銀

行の誕生——』日本経済新聞社，2004年

民主主義，ユートピア，ナショナリズム，伝統（保守主義）について
R. A. ダール著／中村孝文訳『デモクラシーとは何か』岩波書店，2001年
クリシャン・クマー著／菊池理夫・有賀誠訳『ユートピアニズム』昭和堂，1993年
アンソニー・D. スミス著／巣山靖司・高城和義他訳『ネイションとエスニシティ——歴史社会学的考察——』名古屋大学出版会，1999年
——／巣山靖司訳『20世紀のナショナリズム』法律文化社，1995年

より長期的な視野から
ポール・ケネディ著／鈴木主税訳『決定版　大国の興亡——1500年から2000年までの経済の変遷と軍事闘争——』上・下，草思社，1993年
C. P. キンドルバーガー著／中島健二訳『経済大国興亡史1500-1990』岩波書店，2002年
ダグラス・C. ノース著／中島正人訳『文明史の経済学——財産権・国家・イデオロギー——』春秋社，1989年
マイク・デイヴィス著／村山敏勝・日比野啓訳『要塞都市LA』青土社，2001年
ダニエル・ヤーギン，ジョゼフ・スタニスロー著／山岡洋一訳『市場対国家——世界を作り変える歴史的攻防——』上・下，日本経済新聞社，1998年
ハーマン・M. シュワルツ著／宮川典之・浅野義・太田正登訳『グローバル・エコノミー——形成と発展——』Ⅰ・Ⅱ，文眞堂，2001年／2002年

【付録】
IPEの果樹園——変貌する世界

■変貌を続ける世界を，インターネット上のコラムやニュースから私が集めてきた記録を，ホームページ「IPEの果樹園」(2000年4月~)に公開しています。その中から，グローバリゼーションについて，いくつか紹介します。

　なお，以下の文章では，末尾に明示した英文論説からの引用と，その要約・紹介，私が意見や感想を述べた部分があります。原則として，直接の引用は「　」で示し，元の論説を要約している部分は「だ・である」調に，私の意見や感想は「です・ます」調にして区別します。

経済的条件

時間に忘れられた土地

　東欧の貧困国モルドバの田舎には，EUが救済しなければならない多くの人たちがいる。しかし，誰も十分に注意を払っていない。

　トンボが舞い，白鳥が飛来する。父と二人の息子たちはエメラルド色の池のふちに座っていた。彼はカエルをとって，砂糖や食用油に交換する。「これが生き延びる術なのです」と。池の向こうには，プーシキンが愛した谷が広がる。放牧，ワイン畑，果樹園，そして住居や轍(わだち)が現れる。モルドバ中央に位置する2000人ほどの村，ドルナである。

　マリアの足元には，よちよち歩きの息子と，栄養不良で感情を失った10歳の娘がいる。年長の息子は，不思議な，空白の表情を浮かべて立っていた。彼はライ病であった。マリアは，できれば畑で日雇い仕事をした。1日80セントである。彼女の息子の薬は月収の半分もした。そこで，薬を買えずにハーブを与えた。どうすれば生活は良くなるか？彼女は「たまにでもよいから，子供たちにバターを一切れやりたい」と言う。

　東欧の忘れられた無数の村にある，ほんの一つの話にすぎない。

　　　　　　("The Land That Time Forgot," *The Economist*, September 23, 2000)

資本主義に祝福を

　プリマスのピルグリム[*]たちが最初の収穫に際しておこなって以来，全能の神に感謝することが感謝祭のテーマである。「飢饉ではなく豊穣を，神はわれわれに与えてくださった」と，その指導者であったブラッドフォード（William Bradford）は書いた。

　今日，アメリカの無数の家庭では，神が多くの贈り物で感謝される。テーブルに贈り物を並べ，愛する者たちと談笑する。行く年の健康と幸運に感謝し，戦時においても国内の平和に感謝し，アメリカ人として生まれたこと，あるいはアメリカ人になれたことを，計り知れない幸運と感謝する。

　しかし，地元のスーパーマーケットに，今週，売られている多くの七面鳥に感謝する人は多くない。われわれはそれを当然のことと思っている。なぜ近所のお店に感謝祭の前になると七面鳥が並ぶのか，なぜハリウッドの大作が休日前に封切られるのか，そんなことは奇跡でも何でもない。

　しかし，たとえば，食堂のテーブルに七面鳥が並ぶまでには，何千人もの人々が手を貸している。無数の人々の，何カ月にもわたる協力が天才的に組み合わされ，タイミン

---

[*] "Pilgrim Fathers." 1620年，メイ・フラワー号でアメリカ大陸に渡ったピューリタン（清教徒）たち。

グを計って行われたからこそ，今，あなたは感謝祭のための新鮮な七面鳥を買うことができる。途方もない協力が必要なのだ。しかし，それ以上に驚嘆するのは，誰もそれを監督していないことだ。

どこかに司令室があって，「七面鳥の帝王」がマスター・プランを睨んでいるわけではない。誰も人々の群れを集めたり，強制したりするわけではない。それでも彼らは協力する。あなたがスーパーマーケットに行けば，七面鳥がそこにある。あなたはそれを買うだけでよい。それが奇跡でなくて，何であろうか？

アダム・スミスはそれを「見えざる手」と呼んだ。無数の人々を，自分の利益のために，多くの人に有益なことをなさしめる，神秘的な力がある。非協力的で私的な取引が，一見，無数に寄せ集まって生じた混沌のようでありながら，そこから市場の自生的な秩序が誕生する。自由な人々が自由に作用しあって，人間の理解を超えた膨大な商品とサービスの流れがもたらされる。それを事前に計画する独裁者も，官僚制度も，スーパーコンピュータもいらない。

くもの巣や蜂の巣の精妙さに神の御業を見て賛嘆するとしても，自由市場の示す万華鏡とエネルギーに比べれば，そんなものはたわいないことに思える。もし種子が収穫をもたらしたことで，天国の恩寵をたたえるのなら，われわれの私的で自発的な交換が，誰も意図しないのに，繁栄と発明，成長をもたらすことこそ，もっと賞賛されるべきだ。

自由な社会秩序は，それがもたらす富や進歩とともに，この上ない神の恵みである。

("Giving Thanks for Capitalism," *Boston Globe*, November 11, 2003. By Jeff Jacoby)

アメリカの職場にとって貿易は悪くない

ウルフ（Martin Wolf）は，なぜ生産性の上昇を非難しないのに，輸入や雇用の流出は激しく非難されるのか？ と問います。その違いは，外国人が含まれるかどうかである，と。外国人は投票しませんから，政治家がいくら激しく非難しても，失うものはないわけです。なぜ，より少ない労働者がより多くの生産物をもたらす場合には賞賛し，より安価な財やサービスを外国から購入すれば憤慨するのか？ どちらも，もし新しい雇用がなければ非難され，新しい雇用があれば賞賛されるべきです。そして，それは経済成長と労働市場の弾力的な調整能力にかかっています。

また，貿易を通じた競争は生産性を高める刺激となり，新しいITソフトウェアのアウトソーシング＊は，ハードウェア以上に，アメリカ経済に雇用と利益をもたらすだろう，と予想します。増大する富が新しい雇用をもたらすからです。——政治家はコストを押し上げるような規制を行ってはならない。保護措置は貧しい労働者たちがグローバ

＊ 生産を外部に，特に発展途上諸国の生産拠点に移すこと。

リゼーションに参加する機会を奪うだけで，あなたの雇用を守れない。政治家が吹聴する幻想を信じてはならない。
("Trade Is Not Bad for US Jobs," *Financial Times*, February 24, 2004. By Martin Wolf)

ナマズ大戦争

　カンボジア国境に近いメコン川でナマズを捕って暮らすベトナム人のトラン（Tran Vu Long）さんは，今年の漁を喜べません。35歳のこの漁師が，苦労の末に，40トンのナマズを竹の籠に入れて貿易業者に納入したのに，2000ドルほどの赤字になったから。彼にとっては大きな額です。「アメリカは自由貿易を唱えておきながら，私たちが利益を得るようになれば，途端にその調子が変わる」と，彼はワシントンの政治家を非難します。
　彼の不幸は，豊かな国が自国の工業製品を輸出する時には自由貿易を唱えておきながら，自国の農民が競争にさらされると，突然，あからさまな保護主義に変身する一例にすぎません。ベトナムとアメリカとのナマズ戦争は，大国が決める世界貿易システムに対して影響力を持たない貧しい国にとっての警鐘です。
　アメリカとの国交正常化後，アメリカから通商代表が来て，民間企業の増大に結びつきました。その代表の一人がメコン川のナマズに注目し，自然条件と低賃金が高い競争力をもたらすことを教えたのです。わずか数年で，約50万人のベトナム人がナマズ貿易に関わって生活し，彼らの輸出するナマズがアメリカの冷凍ナマズ市場の20％を占め，その価格を引き下げました。
　しかしまもなく，ベトナムの漁師たちは醜い戦争に巻き込まれたのを知ります。ミシシッピー・デルタのナマズ農家を代表するCFA（the Catfish Farmers of America）が，ベトナム・ナマズを攻撃し始めました。アメリカ議会は，2000種以上あるナマズの中で，アメリカ生まれの種だけを「ナマズ」と呼んでもよい，と宣言したのです。ベトナム産のナマズは，ベトナム語の「バサ」や「トラ」として市場で売らねばならない！
　ワシントンの政治家たちがわずか数千の国内農家を保護したことで，人口8000万人のベトナムは帝国主義の嫌がらせを思い出し，反米感情が甦ります。「われわれはアメリカとの過去に苦しい思いがある。新しい協力と自由貿易の精神により，新しい関係を望んでいたが，彼らが私たちをあつかうやり方を見れば，彼らの過去を思い出す」。

("The Great Catfish War," *New York Times*, July 22, 2003)

ビジネスと社会的目標の一致を願う
ボロ服からロールスロイスへ

　トルコ国籍のハーバード大学ケネディー・スクール教授であるロドリク（Dani Rodrik）は，民間部門と政府の役割を折衷した柔軟な政策を好む経済学者です。単に関税を引き下げ，市場を開放するだけでなく，グローバリゼーションのマイナスの効果を抑えるように求めます。実際，貿易は不平等の原因にならない，という経済学者の合意はすでに崩れつつあります。

　すなわち，一部の経済学者たちは，自由貿易やグローバリゼーションを維持し，成功させるためには，それにふさわしい社会保障制度を充実させる必要がある，という新しい合意を模索し始めています。

　マンキュー（Gregory Mankiw）は「比較優位」を指摘して，アメリカが比較優位を持つ分野に資源を集中させることが社会保障制度よりも有効だ，と考えます。しかしロドリクは，発展途上国では多くの政府が，貿易以前には行われていなかった経済活動を支援している，と反論します。たとえば，輸出を通じて成功している中国の姿を見て，それを説明できるだろうか？　比較優位が示す労働集約的な部門だけに資源を集中した方が，中国はもっと成功しただろうか？　「コスタリカが半導体の製造に適しているとは誰も思わないが，……政府はインテルを誘致して半導体を輸出している」。成功への道には不確実さが満ちている，と。

　エイヤー（Pallavi Aiyar）の記事は，中国で最も豊かな農村の来歴と，企業家精神に富んだ共産党書記長を紹介しています。ボロをまとった暮らしから，ロールスロイスを乗り回すまで，彼は村民を指導しました。

("Economist Wants Business and Social Aims to Be in Sync," *New York Times*, January 30, 2007. By Louis Uchitelle)
("How a Village Went from Rags to Rolls-Royces," *Asia Times Online*, January 31, 2007. By Pallavi Aiyar)

失業や不平等は低賃金競争のせいではない

　グローバリゼーションと言っておけば，職を失っても，社会保障が削られても，人々は不満を吐き出せず，曖昧な靄の中に迷い込む。対策と言えば，保護貿易に走るか，あるいは，低税率，低福祉の生存競争に挑むか……。

　しかしこれは間違いだ。グローバリゼーションは世界の富を増やしているから。われわれの選択肢は広がっているのであって，奪われたわけではない，とハットン（Will Hutton）は考えます。問題は，その富から多くの者が排除されていることです。ゲームのルールは西側の一部の者によって作られています。中国でさえ，ルールを書き換え

ているのではありません。その輸出の60%が外国企業によって行われています。

　ハットンは，アメリカもイギリスも，新しい需要を市場（消費者）の近くで満たす機会は豊富にある，と考えます。それゆえ，政策しだいで，グローバリゼーションを恐れる必要はないのです。もし失業や低賃金が問題であるとしたら，それはM&Aブームを煽り，自分たちの所得を爆発させた経営者たちにあるでしょう。繁栄を求めて刻苦勉励する中国人民を責めるのではなく，均衡を欠いた経済をもたらし，道義を捨て，正統性をも失った，私たちの資本主義を責めるべきだ，と。

("Low Wage Competition Isn't to Blame for Western Job Losses and Inequality," *The Guardian,* January 9, 2007. By Will Hutton)

トースターを見れば，貿易赤字は良いことだと分かる
アウトソーシングへの対策

　中国製のトースターが＄6.89で売られている横に，アメリカ製のトースターが＄49.99で売られている。これは何だ!?　とスタイン（Ben Stein）は首を傾げます。安い製品を輸入して，消費者は喜ぶ。物価が安く，日本や中国はアメリカの金利を下げてくれるから，きっとアメリカの労働者にも良いことなのだろう。しかし，いつまで続くのか？　日本や中国は，いつまでこんなゲームを続けるのか？　アメリカはどうせドル紙幣を印刷して彼らに支払えばよいのだ。しかし退職後，金利だけで生活費を賄えない老人や，転職する製造業の労働者には苦しいことだ。「こんなことは，いずれ終わるに違いない」。

　カットナー（Robert Kuttner）は，アウトソーシングがアメリカ中産階級の没落という，より大きな問題の一部であると考えます。製造業の高賃金を実現したのは，それを保証する賃金決定や法制度，税制などです。ところがこの20年間，その社会制度が失われてしまいました。海外の労働者と競争しなければならなくなったことが，それを速めたのです。

　では，どうすればよいか？　カットナーは，サービス業の雇用機会を増やし，それが高賃金を実現できるような社会制度の再生を求めます。ブッシュの減税策は，グローバリゼーションによる利益を一握りの富裕層に集中させました。それを社会的に分配しなければなりません。また，ハイテク部門への投資をもっと支援するべきです。こうして新しい高賃金経済を実現して，アウトソーシングの脅威を解消するのです。

("The Tale of the Toaster, or How Trade Deficits Are Good," *New York Times*, April 25, 2004. By Ben Stein)

("Remedy to Outsourcing: Better US Jobs," *Boston Globe*, April 28, 2004. By Robert Kuttner)

中国農民の悲劇

「一人の絶望した農夫が居た。彼は先週，北京の天安門広場にある有名な毛沢東の肖像画の前に座り込んだ。彼の妻も並んでいた。静かに，彼はガソリンの入ったボトルを取って，自分の服にガソリンをかけた。それから，マッチを擦った」。

彼は警官によって病院へ運ばれ，命を取り留めましたが，その抗議の意味を中国人なら誰でも分かったようです。毛沢東の共産党政府をもたらした革命は，農民たちによって闘い取られたものです。そして，この25年間の資本主義的改革によって，最も大きな痛手を被っているのが農民たちです。彼のように絶望した農民が，貧しい地方の農村に8億人から9億人もいます。

「天安門」とは，英訳すれば，"the Gate of Heavenly Peace" です。天安門で私が見た毛沢東の肖像画も，まさに温和な「国父」のイメージでした。しかし次の革命家たちは，地方の貧しい村でその拳を固めています。

("Rural Areas Have Reaped a Bitter Harvest," *Financial Times*, September 22, 2003. By James Kynge)

世界的不均衡と IMF の役割
新しい危機を予防せよ

アメリカ政府が人民元の為替レート変更を要求し，世界が「金融的な恐怖の均衡」によって統治されるよりも，IMFの政策フォーラムを整備する方が望ましい，と *Financial Times* の論説は主張します。たとえば，「もしIMFが他の黒字国，たとえば日本を加えて，〔黒字国の政策調整を求める〕*フォーラムを開けば，中国もその政策が国境を越えておよぼしている弊害を是正しやすいだろう。同様に，ユーロ圏の諸経済も自ら内需を刺激して〔不均衡の〕解決に貢献しなければならないと認めるなら，アメリカは余分の苦痛を抑えて国内消費を削る機会を得る」。

イギリスのブラウン（Gordon Brown）蔵相は，通貨危機の予防におけるIMFのサーベイランス機能を強調します。IMFの政策評価局を，より独立で透明な機関にすること，そして，加盟諸国は自国の金融・財政・為替レート政策について国際的な責任を認めることです。「繁栄は，平和と同じように，限界がなく，分割できない」と，かつてモーゲンソー（Hans J. Morgenthau）は述べたようです。正しく制御できなければ，グローバリゼーションは貧困，不平等，怨嗟の悪循環を招くでしょう。IMF加盟諸国は，すべての国の雇用創出，繁栄，安定性に，共同責任を担っています。

("IMF Gains New Role on Global Imbalances," *Financial Times*, April 25, 2006)

---

* 引用文中の〔 〕内は引用者による追加。

("Crisis Prevention in the New Global Economy," *Financial Times*, April 27, 2006. By Gordon Brown)

政治的条件

独立がすばらしいとは限らない

　沖縄や北海道は独立した方がよいのではないか？　と私は時々思います。そして現実に，スコットランドではイギリスからの「独立」が真剣に議論されています。

　確かに，グローバリゼーションにより市場が世界を結びつけ，情報や言語はますます国境を越えて利用される一方で，豊かな諸国では戦争が起きにくくなりました。人々は自分たちだけの小さな母国を持ちたいと願いつつ，もっと大きな国へ移民したいとも願います。

　20世紀に示された「民族自決」という原理は，人類に独立国家という多くの実験をもたらしました。1913年に，人類の82％が，わずか14の帝国に分かれて住んでいました。しかし，1946年には74カ国，1995年には192カ国が存在します。

　ファーガソン（Niall Ferguson）は，人口規模と経済状態とを結ぶ関係はない，と述べます。問題はパワー（特に軍事力）と言語（の共有と隔離）です。スコットランドは英語を共有していますから，後者の点で独立する理由はありません。もしスコットランドが戦争の危機に直面したら，独立運動は消えてしまうでしょう。

　人々が孤立し，軍事的な衝突や紛争が絶えない地域では，今も帝国が盛んです。中国，ロシア，インド，……もしかすると中東地域にスンニー帝国，ラテン・アメリカの統一国家，そして，ヨーロッパ合衆国！

("Independence Isn't Always Beautiful," *Los Angeles Times*, January 29, 2007. By Niall Ferguson)

法の支配を愚弄する者

　サダム・フセインのほかにも，世界の政治には著名な独裁者が争乱のタネを育てています。ジンバブエのムガベ，北朝鮮の金正日などと並んで，リベリアのテイラー（Charles Taylor）もその一人です。シエラ・レオネの政治改革を求める運動家は，隣国リベリアのテイラーが西アフリカに争乱を拡大してきたことと，それを国連もアメリカも十分に阻止できなかったことを嘆いています。

　テイラーは，これまで，虐殺，集団的レイプ，手足の切断，少年兵士による蛮行などを西アフリカに広め，反対派が武力で追い詰めると，和平交渉を主張して時間を稼ぎ，

再び争乱を激化させました。国際法廷によってようやく国外追放となったものの，リベリアの隣国に依拠して政治的関与と帰国を画策しています。テイラーの目的は，リベリアを支配し，隣国シエラ・レオネのダイヤモンド鉱山も支配し，自分と自分の取り巻きの富を増やすことだけだ，と記事は断罪します。国際法への期待は，その裏切りに対する絶望とともに，あまりにも大きいのです。
("Flouting the Rule of Law," *Washington Post*, June 25, 2004. By Zainab Bangura)

WTOを捨てるのではなく，改善せよ

リプセイ（Richard G. Lipsey）は，「WTOが裕福な諸国の政治的な道具でしかなく，WTOがない方が貧しい諸国にとってよい」という主張に反対です。

確かに大きな市場を持つ発達した工業諸国は，自分たちにとって利益が大きい工業製品に関する貿易自由化を優先し，貧しい諸国に求めてきました。他方，貧しい諸国が輸出できる農産物市場については自由化しません。GATTからWTOに変わって，より主体的に世界の貿易自由化を担うようになったWTOは，農産物市場の自由化にも取り組んでいます。メキシコのカンクンにおける閣僚会議では，発展途上諸国がG22を結成し，欧米の工業諸国が農産物補助金削減などを要求し，工業諸国がそれを拒んだことにより決裂しました。もしWTOがなくなれば，貧しい諸国が発言する場は完全に失われます。

WTOの意思決定や紛争処理メカニズムはうまく機能していません。それらは改善されるべきですが，放棄してはならない，と主張します。

世界は新しい生産ネットワークと緊密な貿易関係によって経済を動かす時代に入っています。消費者たちは，世界中をめぐる生産システムのもたらした成果について満足でしょう。生産現場でラッダイト運動[*]を起こしても自分たちを傷つけるだけだ，とリプセイは警告します。
("Don't Give Up on WTO, Fix It," *YaleGlobal*, April 4, 2006. By Richard G. Lipsey)

IMF改革として，まず民主化を

ワシントンにおける春のIMF総会で，イングランド銀行のキング（Mervyn King）総裁は述べました。「確かにIMFの権限は明確でない。その融資活動は衰えているし，国際通貨システムにおける役割も曖昧だ。……われわれはIMFを必要としているのか？」

民間資本移動の規模は膨張し，政府の外貨準備額をはるかに超えてしまい，そもそも

---

[*] 18世紀末にイギリスで起きた下層労働者による機械の打ち壊し運動。

政府が取る政策で脆弱性が生まれ，不安を撒き散らします。その典型はアメリカ政府です。アメリカの財政赤字や対外不均衡は金融市場の不安の源です。しかし，アメリカ政府はIMFの大株主でもあり，拒否権を握っています。

アジア諸国は，1990年代後半の危機の後，外貨準備を途方もなく積み上げています。結局，IMFのような多角的融資は必要ないのでは？

IMFがサーベイランス（政策監視），国際協調，「公平な審判」として働くことを，ラト（Rodrigo de Rato）専務理事は目指します。しかし，まずはIMF統治構造の改善です。国連安保理やG7と同じく，IMFも第二次世界大戦の遺物です。その投票権はクォータ（分担金）に従い，アメリカとヨーロッパが大きな声を出します。しかしベルギーが，ブラジルや韓国，インドよりも大きな発言力を持つ国際機関など，愚かな限りです。また，IMF専務理事と世銀総裁はヨーロッパとアメリカが独占します。

発展途上諸国にも正統性を認められたIMFであれば，厳格な審判や国際フォーラムとなれるでしょう。ただし，IMFがアメリカの政策に注文をつけたとしても，アメリカ政府からの返答は決まっています。「余計なお世話だ！」

("IMF Reform: First, Make It Democratic," *The Guardian Saturday,* April 22, 2006)

毒杯をあおる

ハンガリーという国の富をそっくり奪ったのがIMFだ，とモンビオット（George Monbiot）は批判します。なぜ，アジアでも，ロシアでも，ラテン・アメリカでも，東欧でも，同じことを繰り返すのか？

ハンガリー政府には経済運営の知識がなく，IMFに資本主義の導入を頼りました。IMFがハンガリーに求めたのは，通貨供給を抑制し，融資を減らすこと。外国資本に国境を開放し，公的な資産を売却すること。政府支出を削減すること，でした。その結果はどうだったか？　まず，VAT（付加価値税）導入や補助金の廃止でインフレが生じ，IMFはありもしない「超過需要」をさらに抑制しました。金利は高騰し，売上げが減り，融資も減って，企業も銀行も倒産しました。1990年から93年に，GDPが18％も減少したのです。

IMFは，対外債務を削減せず，それを支払い続けるために政府支出を削り，国有資産を民営化しました。経済部門全体が外国企業や銀行に身売りされ，労働人口の30％，150万人が職を失い，雇用されている者でも賃金が21％減少し，年金は31％も減った。

ツツ大司教は，かつて，こう述べたそうです。「宣教師たちがアフリカに来た時，彼ら（白人）は聖書を持ち，われわれ（黒人）は土地を持っていた。彼らはこう言った。『さあ，目を閉じて，祈りましょう！』われわれが目を開けると，彼らは土地を持って

おり，われわれは聖書を持っていた」。

ハンガリーも，IMF の修道士たちがもたらした正統派の経済学を受け入れました。目を開けると，外国の企業と銀行が国を支配し，労働者は絶望的な状態です。
("Poisoned Chalice," *The Guardian*, August 19, 2003. By George Monbiot)

社会的革新

ヨーロッパ要塞の跳ね橋を下ろせ

世界の貧困は，移民となって，アメリカやヨーロッパを目指しています。こうした移動に各国はまだ対応できていません。

Financial Times のドムビーとギルズ（Daniel Dombey and Chris Giles）による論説は，アメリカと比べて，ヨーロッパの移民と移民政策，論争の現状を示しています。アメリカ人は同化を問題にするが，ヨーロッパ人はまだ「ポーランド人の配管工」[*]を問題にしています。アメリカの政策は内部分裂し，アンビバレントであり，ヨーロッパの政策は不統一で矛盾しています。EU 諸国は IT 産業のエンジニアを奪い合い，他方，移民（と規制）のコストを互いに押しつけているのです。

先進諸国の多くが，人口の高齢化や減少によって移民流入を認めざるをえないが，問題はそれをどのように管理・制御するかです。各国の対応はバラバラで，移民送り出し国への援助が若干行われていますが，移民を制御するルールや合意は何もありません。他方，アメリカ・メキシコ国境と同じく，アフリカ・ヨーロッパの間の貧富の格差は拡大し続けています。かつて難民の受け入れに寛容であった国が抑制に向かいつつあります。

ヨーロッパの手厚い社会保障システムは，移民の社会的コストを大きく見せ，また彼らの孤立や隔離を助長します。それはヨーロッパの民主主義に対する挑戦です。ヨーロッパ憲章の承認問題よりも，大規模移民受け入れこそ，混乱した，しかし，創造的な過程です。
("Why Fortress Europe Needs to Lower the Drawbridge," *Financial Times*, May 17, 2006. By Daniel Dombey and Chris Giles)

移民ゲームに参加しよう

移民法改正のために，《エイリアンズ》という TV ショーを作ってはどうか？

---

[*] 153頁の脚注参照。

……競争に参加する者は，まず，クレジット・カード，携帯電話，コンピュータ，そして自動車を没収される。次に，家族と一緒に，貧しい諸国の農村や都市のスラム街に送られる。新しい家で，彼らは惨めな仕事に就く。報酬は，一日１ドル。
　議員たちがこのゲームについて来るとは思えない。子供たちの出張った腹は急速にしぼみ，その代わり，栄養失調で腹が膨れ上がるだろう。その変化はすべての余裕を吹き飛ばす。
　残った参加者にはさらに過酷なゲームが待っている。彼らは，遠く離れた国へたどり着け，という指令を受ける。しかしお金もパスポートももらえず，移動手段はない。その途中にはさまざまな障害がある。しょっちゅう氾濫している川を渡り，危険な砂漠を徒歩で横断する。武装した盗賊団や，略奪，拷問，誘拐を試みる人身売買組織に捕まってはならない。
　出場者たちは，武装した政府職員が警備する国境を，ひそかに越えねばならない。
　このゲームをクリアできた者は，さらに，食べ物と寝る場所，そして雇用を見つける必要がある。ただし，その土地の言葉を彼らは理解できない。警察に追われ，拘留され，国外退去させられる危険が常にある。彼らが就ける仕事は，低賃金の，しばしば体を壊すような仕事である。
　このゲームの賞品は何か？　と，あなたは尋ねるでしょう。
　１年を生き延びたものには，アメリカのために移民法改正の草案を書く機会が与えられる！
("Immigration — the Game," *Los Angeles Times*, March 17, 2006. By Rosa Brooks)

若者の失業と絶望
　ますます多くの若者が職を得られないまま，何の助けもなしに暮らしている。道端や，商店街，ボーリング場で彼らは集まり，強盗，麻薬の売買，ギャング，売春などに関わる。
　シカゴだけで，約10万人もの若者（16歳から24歳）が職を持たず，学校に行かず，何の希望もない生活を送っている。ニューヨークには20万人以上，アメリカ全土では250万人以上もそのような若者がおり，さらに増加中だ。彼らは多くの点で社会のメインストリートから隔離されている。
　若者の失業率は12％に上昇した。しかし，失業中の若者に職場や訓練を支援する地方政府のプログラムは削減されていく。20代の職場や経験は，その後の生活にとって非常に重要である。この時期に取り残されれば，残りの人生で追いつくことは難しい。そして，アメリカ自体が熟練労働者を失っていく。
　ブッシュ政権はイラク戦を目指し，富裕層の減税を掲げて戦うが，若者の苦しみには

関心がない。シカゴの失業した若者，教育を受けていない若者と，長い間話し合った。彼らはすでに何の望みも持っていない。まともな職場も，恋愛も，結婚も，家族を持ちたいとも話さない。いつか自分の家を持ちたい，と言う者もいない。

そこには前向きの言葉や感情がない。そこにあるのは，挫折と怒り，そして何より，悲哀だ。

("Young, Jobless, Hopeless," *New York Times*, February 6, 2003. By Bob Herbert)

ヨーロッパには，雇用だけでなく記憶が必要だ

諸聖人の祝日 All Saints' Day には，ポズナンの広場に人々が集まって，ポーランド人のすべての死者を追憶する。人々は花束と1万本のろうそくを持ち，どこからかコーラスが聞こえてくる。クリスマスのように美しい，忘れがたい光景だ，とアッシュ (Ash) は伝えます。

同じように，ヨーロッパの民族＝国家を考えてみたい，とアッシュは望むのです。死者と生者，まだ生まれざる者が，共通の記憶，想像の共同体に住みます。

ベルリンからポズナンへ，アッシュは列車に乗って旅をしました。それは単に，ありふれた，退屈な風景です。しかし歴史を知る者なら，そこにはおびただしい死者が積み重なっています。ドイツの征服に抗して戦ったポーランド人たちの死体。死の収容所に向かう途中で逃げようとしたユダヤ人たちの死体。赤軍に追われて西へ逃げようとしたドイツ人たちの死体。ベルリンに向かう途中で死んだ，それに劣らないほど多くのロシア人の死体。そこに見える家々は，すべて，何度も持ち手が変わったはずだ。ベルリンの壁，鉄のカーテン，シュタージ*，そして戒厳令。

今や，多くの人々は現実の不満に支配されているのです。ポーランド人たちがドイツの雇用を奪っているとか，ポーランド人をドイツ企業が搾取しているとか。

だからこそ，人々には記憶が必要です。

("Europe Needs Memory as Much as It Needs Jobs," *The Guardian*, November 3, 2005. By Timothy Garton Ash)

国際秩序

アメリカが帝国の欠陥に気づく時

中国が大陸規模で展開した帝国のように，征服と移民によって数百年も続いた，強力

---

* 東ドイツの国家秘密警察。

で持続する帝国ばかりではない。19世紀のイギリスが運営した帝国の多くは，今日と同様，「非公式な帝国」であった。アメリカは，たとえイラクで問題に巻き込まれているとしても，公式な植民地は持たない。アメリカは，およそ130カ国に軍事拠点を維持し，介入を行い，影響力を行使しており，また，これまでの帝国がそうであったように，多くの従属国家や傀儡国家のネットワークを広げている。

　最も困難な帝国とは，ネオコン*が理想としたような，現地社会を作り変える帝国であった。彼らは，アメリカの国際主義が旧世界の改善につながる，と主張した。こうしたアメリカの理想主義は，過去の帝国主義に含まれた冒険的企てとよく似ている。ローマ帝国も，清王朝も，ナポレオンのフランスも，イギリス帝国も，単に経済的な欲望に駆られて征服したのではなかった。より優れた，公正な，進んだ文明をもたらすために，その文化や政治様式を輸出した。

　帝国の理想と地上の帝国との格差は拡大し，現地の人々だけでなく，支配する側の人々にも失望をもたらす。他国を作り変えるのは，たとえ侵略者としてでも，非常に困難な，見込みのない企てである。帝国というものを信用しなかったアダム・スミスは，世界の他の部分が「相互の恐怖」を強めることで国境を尊重するようになった，と書いた。かつて，西側諸国は支配される側から攻撃される恐怖を持たずに帝国を維持できた。しかしアルカイダが劇的に示したように，そのような時代は過去のものとなった。
("The US is Now Rediscovering the Pitfalls of Aspirational Imperialism," *The Guardian*, December 17, 2005. By Linda Colley)

新しい帝国主義の必要性

　アフガニスタンは，要するに，崩壊した国家の一例にすぎない。どこでも国家が崩壊すると，疫病が流行し，難民が流出し，犯罪者の住処となり，麻薬が作られる。それは世界にとって良くない以上に，その住民にとって非常な災厄である。ホッブズが「惨めで，野蛮で，短い人生」と描いた状態である。**

　国家はしばしば無作為なエスニック集団の寄せ集めで始まる。それは非常に貧しいために，疫病が蔓延し，人々を衰弱させる。経済は熟練も報酬も少なく，所得が低すぎて成長しないどころか，マイナスである。そこで，権力を握る者は自分だけの富を求め，腐敗が広まる。独立した法廷もなければ，警察もない。将軍たちは貪欲な政治家となる。利益集団間の争いは激しくなる。経済政策は効果がなく，特殊な利益に支配される。財政赤字，インフレ，貿易障壁，金融システムの抑圧が，経済を衰微させる。こうして内戦が続くようになる。ヨーロッパもこの状態を抜け出すのに数世紀を要した。

---

　*　14頁の脚注参照。
　**　T.ホッブズ著／水田洋訳『リヴァイアサン』(一)，岩波文庫，1992年，204頁。

悪循環を断って，好循環を創り出さねばならない。しかし世界銀行も IMF も，こんな潰れたハンプティー・ダンプティー（Humpty Dumptys*）を救済できない。彼らはそこに欠けているものを与えてやれないのだ。すなわち，強力で，尊敬できる，国民に利益を与える慈愛に富んだ国家である。

崩壊した国家が救済されるとしたら，正直な政府という本質的な部分は外から与えなければならない。西側が旧ユーゴに対して，今，行っていることだ。しかしそれは帝国主義の嫌疑を受け，しかも費用がかかる。崩壊国家を救うことは，何もせずに放置する場合よりもコストを節約できる。責任ある政府がない地域では，正義も基本的な国際秩序も存在しない。

("The Need for a New Imperialism," *Financial Times*, Oct 10, 2001. By Martin Wolf)

大統領就任式を祝う花火と絶望

就任式は著しい対比を示した。花火に包まれた首都と，軍隊が24時間占拠するイラク。勝利に酔った政府首脳たちと，現実の世界。テロに怯える人々と，「所有社会」の理想。

何の謙虚さもない祝賀会。しかしアメリカ史において再選された大統領の中で最も僅差の勝利でしかない。就任直後の支持率も最低である。自国を分断したことに何の反省も示さない。

国内の選挙における勝利で満足する政府と，海外の破局的な軍事的失敗になったイラクの冒険。……「イラク政府なんてテレビに出てくるだけだ。」

目前に迫った選挙も法的な根拠を欠き，秘密投票というより，候補者のリストさえまだ知ることができない。これがブッシュ政権の最重要な計画である。その真実は，占領することも，撤退することもできないだけだ。イギリスは，イラク軍を解体するなと助言したにもかかわらず無視され，ブレア政権の間違いにより今なおバスラに囚われている。現状の完全な失敗を認めて戦略転換を図るべきだが，ブッシュ政権はイラク占領の成功を唱える者ばかりだ。

解放や自由は世界が受け入れる価値だ。しかしアメリカの建国の父たちが発明したわけでも，独占しているものでもない。それらはヨーロッパの社会民主主義ではまったく異なった伝統に根差している。まして，ジョージ・ブッシュの新しい帝国主義にイデオロギー的な言い訳を提供するわけではない。

ブッシュの外交政策は，3万8000フィート上空から爆弾を投下して自由をばら撒くという幻想にすぎない。他国を占領し，アメリカが支配することを自由と呼ぶ。

＊ イギリスの童謡に出てくる主人公。卵の擬人化。塀から落ちると元の形に戻らない。

("Fireworks in Washington, Despair around the World," *The Guardian*, January 21, 2005. By Robin Cook 元イギリス外相)

グローバル・パワー

なぜなら彼らにはそれだけの価値がある

　本当に？　政治経済的なパワーで評価された世界の上位25人が支配する富は3200億ドル（約36兆円）です。ただし，肩書きや年齢，資産は2005年の記事が示すものです。
　このリストから何を読み取りますか？（順位は *Finnancial Times* が評価した政治的・機能的なパワーによるもので，資産総額だけによらない）

01：ビル・ゲイツ Bill Gates　マイクロソフト社会長・CEO（最高経営責任者）
　　世界のパソコンの90％以上をウィンドウズで動かす。社会慈善事業家としても世界最大。
　　年齢：49　資産総額：$51bn

02：スティーブ・ジョブズ Steve Jobs　アップル・コンピューター CEO
　　コンピューターは複雑ではなく，有益で，美しいものを提供する。iPodで復活。
　　年齢：50　資産総額：$3bn

03：ピエール・オミドア Pierre Omidyar eBay 創立者・会長
　　誰でも，何ででも，参加できるネット・オークションを事業に育てる。
　　年齢：38　資産総額：$10bn

04：セルゲイ・ブリン＆ラリー・ペイジ Sergey Brin and Larry Page　グーグル（Google）創立者
　　7年前に倉庫で開発した検索ページ Google を世界最大にまで育てる。
　　年齢：32　資産総額：$11bn each

05：ルパート・マードック Rupert Murdoch　ニュース・コーポレーション会長・CEO
　　世界最大のメディア事業を樹立した。映画，TV 番組，出版にも積極的に投資。
　　年齢：74　資産総額：$6.7bn

06：マイケル・ブルームバーグ Michael Bloomberg　ニューヨーク市長，ブルームバーグ・ニュース創立者
　　ロイターを破って，Bloomberg 金融ニュースを広めた。
　　年齢：63　資産総額：$5bn

07：シルビオ・ベルルスコーニ Silvio Berlusconi　イタリア首相，フィニンベスト（Fininvest）企業グループ創立者

メディアとビジネスとイタリア政治を結びつけて，富と権力を拡大する。
年齢：69　資産総額：$12bn

08：ジョージ・ソロス George Soros　ヘッジ・ファンドのマネージャー，社会慈善活動家
1969年にクォンタム・ファンド（Quantum Fund）を設立。ヘッジ・ファンドの効率的な営利活動を証明する。
年齢：75　資産総額：$7.2bn

09：カルロス・スリム・ヘル Carlos Slim Helu　テレコム業界の支配者
メキシコの国営電話会社テレメックス（Telmex）を買収する。
年齢：65　資産総額：$23.8bn

10：アジーム・プレムジ Azim Premji：ウィプロ（Wipro）会長
食用油の家族企業から始め，インドの自国企業保護のため IBM が撤退する際，ハイテク事業を買い取る。ソフトウェアやコール・センターのアウトソーシング。
年齢：60　資産総額：$9.3bn

11：ラクシュミー・ミッタル Lakshmi Mittal：ミッタル・スチール会長
世界的な製鉄会社を経営。老朽化したインドネシアの製鉄会社を蘇らせる。
年齢：55　資産総額：$25bn

12：ウォーレン・バフェット Warren Buffett：バークシャー・ハサウェイ（Berkshire Hathaway）投資株式会社 CEO
ビジネスを理解した上で，長期の投資だけを行う。
年齢：75　資産総額：$44bn

13：リチャード・メロン・スケーフ Richard Mellon Scaife：出版・社会慈善事業
メロン財閥の富を，反共・保守派の政治研究所やメディアの育成に投資する。
年齢：73　資産総額：$1.2bn

14：タクシン・シナワトリ Thaksin Shinawatra：タイ元首相
タイの警察官，アメリカの大学で修士号，IT ビジネスと株式市場において成功し，政界に進出，首相となる（2006年9月，軍事クーデタで失脚）。
年齢：56　資産総額：$1.3bn

15：ゴードン・ムーア Gordon Moore：インテル（Intel）社名誉会長
インテルの創業者。パソコンの心臓 CPU をマイクロソフトと共同支配。
年齢：76　資産総額：$4.6bn

16：ロマン・アブラモビッチ Roman Abramovich：ロシアの大富豪，チェルシー・フットボール・クラブ（英）の所有者
ロシアの共産主義崩壊後，国営企業を買収し，特に石油分野で Sibneft を支配。

付　録　187

　　　年齢：38　資産総額：$13.3bn
17：テッド・ターナー Ted Turner：Media magnate and philanthropist
　　　世界的なケーブル・テレビ・ネットワーク CNN を創業。
　　　年齢：66　資産総額：$2bn
18：ベルナール・アルノー Bernard Arnault：モエヘネシー・ルイヴィトン・グループ（LVMH）会長
　　　パリから世界の高級ブランド（ルイ・ヴィトン）を支配する。
　　　年齢：56　資産総額：$17bn
19：ヨーン・デ・モル John de Mol：オランダ・テレビ業界の大物
　　　テレビ番組『ビッグ・ブラザー』など。
　　　年齢：50　資産総額：$2bn
20：ラリー・エリソン Larry Ellison：オラクル創業者
　　　ソフトウェアの大企業 Oracle を創業。
　　　年齢：61　資産総額：$17bn
21：マイケル・デル Michael Dell：デルの会長
　　　パソコンの注文販売，Dell 創業。
　　　年齢：40　資産総額：$18bn
22：イングヴァル・カンプラード Ingvar Kamprad：IKEA 創業者
　　　家具・内装の IKEA 創業。
　　　年齢：79　資産総額：$23bn
23：イ・ゴンヒ 李健熙：サムスン・グループ会長
　　　韓国家電からハイテクの Samsung Group.
　　　年齢：63　資産総額：$4.3bn（一族の合計）
24：ハッソ・プラットナー Hasso Plattner：SAP 創業者
　　　IBM から独立したヨーロッパのソフトウェア企業。
　　　年齢：61　資産総額：$5bn
25：リーカシン 李嘉誠：ハチソン・ワンポア（Hutchison Whampoa Ltd.）会長
　　　香港の海運・不動産から多方面に投資。携帯電話投資に失敗し，順位を下げる。
　　　年齢：77　資産総額：$13bn

　　　　　　　("Because They're Worth It," *Financial Times*, October 7, 2005)

＊＊＊＊＊＊＊＊＊＊＊＊＊＊＊＊＊＊＊＊＊＊＊＊＊＊

付　録

■あなたの想像力を刺激しましたか？
「IPE の果樹園」には検索機能があります。ほかにも，関心のある事件や言葉を検索してください。

おわりに

　本書は，グローバリゼーションを考える材料と，考える姿勢や方法を提示するために作りました。
　グローバリズムに挑戦し，グローバリゼーションを生きる力を得たい，と私は思いました。市場競争や不平等を賛美するのではなく，正しく，つましく，控えめに生きる者が，たとえ力において劣り，あるいは，支配的な考え方に同調しないとしても，心豊かに，楽しく，充実した毎日を過ごせるような社会を，私は望みます。そのような可能性もあるということを多くの人が想像力によって描けたら，世界は変わるだろうと思います。
　そのためには，まずグローバリズムに対する疑問を積み重ねることが必要です。本書のスタイルを「詩的IPE」，「つぶやきのIPE」と命名してもらいました。この本を読んで，正しい答えが分かった，と思う人はいないでしょう。しかし，多くの疑問や反論を刺激したいと思います。今までと違う地点で，世界を感じてほしいのです。
　萌書房の白石さんが勧めてくださったので，この本を企画しました。私は本にするかどうか迷っていました。東京の研究会で報告して，参加された方から，こんな本を出版して何になるのか？　こんなことを書いて何の意味があるか？という不満を示されたら，断念したと思います。
　その翌日は，隅田川の七福神をめぐり，谷中の霊園や日暮里界隈を歩いていました。あるお寺にあった説明文で，布袋様というのは実在の人物で，黄色い袋を担いで歩き，どこでも貧しい者に惜しみなく与えた，という話を読みました。高僧として尊敬を集め，布袋様のために喜捨を申し出る金持ちが多くいたのではないか，と思います。
　富のためでも，戦争に勝つためでもない，社会を築く原理はきっとあります。
　なお，学問上，生活上の助言と支援をいただいた先生，先輩，友人のお名前を挙げて謝辞を記すことはいたしません。ご迷惑かもしれないからです。この

おわりに

　本は自分が書きたいことを，好きなようにまとめたものです。この本を準備する過程で特に研究会を開いてくださった櫻井公人先生と前田幸男さんに，記して感謝いたします。

　本を出版しませんか？　と白石さんが研究室を訪ねてくださったとき，私はお断りしました。しかし，いろいろな読者がいるから，きっと「面白い」と言って喜んでくれる人と出会えますよ，と励ましていただいたことを覚えています。

　表紙の木のデザインは娘が描いてくれました。

　この本を通じて出会った読者の方々と，私は話し合いたいと思います。読書会や研究会のご希望があれば，ぜひメールをください。交通費をいただけるなら，どんなに遠くても喜んで参加します。私へのメールは「IPE の果樹園」から送れます。

　こうして手に取って，読んでいただいたことに感謝します。

　2007年8月9日

小野塚佳光

■著者略歴

小野塚　佳光（おのづか　よしみつ）
　1959年　大阪市に生まれる
　　　　　京都大学大学院経済学研究科博士後期課程修了
　現　在　同志社大学経済学部教授
　主要著作
『グローバル化の政治経済学』（共編著：晃洋書房，1998年），「現代の国際通貨システム―変動レート制の政治・社会的要因―」本山美彦編著『世界経済論―グローバル化を超えて―』（ミネルヴァ書房，2006年），「グローバリゼーションと日本の戦略―国家の覚醒―」布留川正博編著『グローバリゼーションとアジア―21世紀におけるアジアの胎動―』（ミネルヴァ書房，2007年），ジョン・ウィリアムソン『国際通貨制度の選択―東アジア通貨圏の可能性―』（編訳：岩波書店，2005年），「ヨーロッパ移民政策の教訓」同志社大学『経済学論叢』（近刊），他多数

グローバリゼーションを生きる――国際政治経済学と想像力――

2007年10月30日　初版第1刷発行

著　者　小野塚佳光
発行者　白石徳浩
発行所　有限会社　萌　書　房
　　　　　　　　　　　　きざす
　　　　〒630-1242　奈良市大柳生町3619-1
　　　　TEL（0742）93-2234 / FAX 93-2235
　　　　[URL] http://www.3.kcn.ne.jp/~kizasu-s
　　　　振替　00940-7-53629

印刷・製本　共同印刷工業・藤沢製本

Ⓒ Yoshimitsu ONOZUKA, 2007　　　　Printed in Japan

ISBN 978-4-86065-031-5